上海市中高职教育贯通连锁经营管理专业系列教材

跨境电商运营实训操作

曾海霞　童宏祥　崔慧华 ◎ 编著

上海财经大学出版社

图书在版编目(CIP)数据

跨境电商运营实训操作/曾海霞,童宏祥,崔慧华编著. —上海：上海财经大学出版社,2022.3
(上海市中高职教育贯通连锁经营管理专业系列教材)
ISBN 978-7-5642-3946-6/F·3946

Ⅰ.①跨… Ⅱ.①曾… ②童… ③崔… Ⅲ.①电子商务—运营管理—职业教育—教材 Ⅳ.①F713.365.1

中国版本图书馆 CIP 数据核字(2022)第 003241 号

□ 责任编辑　刘晓燕
□ 封面设计　贺加贝

跨境电商运营实训操作

曾海霞　童宏祥　崔慧华　编著

上海财经大学出版社出版发行
(上海市中山北一路 369 号　邮编 200083)
网　　址:http://www.sufep.com
电子邮箱:webmaster@sufep.com
全国新华书店经销
江苏凤凰数码印务有限公司印刷装订
2022 年 3 月第 1 版　2022 年 3 月第 1 次印刷

710mm×1000mm　1/16　12 印张　228 千字
定价:29.00 元

目　录

项目二　跨境电子商务沙盘实训操作

前 言

《跨境电子商务运营实训操作》是中高职教育贯通连锁经营管理专业的一门专业实训课程，前沿课程为《跨境电子商务基础》。

随着全球经济一体化的深入发展和跨境电子商务新业态的诞生，数字贸易推动了现代服务业的快速发展。连锁经营管理专业旨在为现代服务业培养营销、客服和运营的专门人才，所以在专业课程体系中增加一门《跨境电子商务运营实训操作》课程十分必要。

本书编写是基于跨境电子商务工作岗位的职业能力和职业素养要求来确定实训项目的内容：项目一为跨境电子商务平台实训操作，该项目基于实训操作业务背景，介绍了公司设立、第三方跨境电商平台的注册、装修和商铺运营，以业务背景为纽带呈现了跨境电子商务公司的基本经营过程，重点培养学生的单一技能；项目二为跨境电子商务沙盘实训操作，该项目以跨境电子商务沙盘实训系统为载体，基于实训操作业务背景和要求，制定跨境电商营销计划，采购跨境电商商品，选择、开展跨境电商平台运营，培养业务操作、运营决策、市场营销、客户管理等方面的综合职业素养。每个项目分为 4 个实训单元，每个实训单元由实训背景、实训目的、实训环境、操作指南、实训活动和活动评价 6 个模块构成，注重职业知识与职业能力的有机结合。

本书由上海市教育委员会教学研究室曾海霞负责策划和总纂，由曾海霞、上海外国语大学贤达经济人文学院童宏祥、上海立达学院崔慧华共同编著。具体分工为：童宏祥（项目一前 2 个实训单元），崔慧华（项目一后 2 个实训单元），曾海霞（项目二全部实训单元）。

《跨境电子商务运营实训操作》课程教材在策划与编写过程中，得到了编者单位与部门的支持，也得到了上海仕程电子科技有限公司、上海财经大学出版社编辑的具体指导，在此一并感谢。由于编者实务经验有限，难免有纰漏或者不妥之处，恳请同行和专家不吝赐教。

编 者

2021 年 10 月

项目一

跨境电子商务平台实训操作

实训一　设立跨境电子商务公司

实训背景

根据我国相关法律法规的规定，设立跨境电子商务公司首先需申请“五证合一”营业执照，获取公司经营资质，然后办理对外贸易经营者备案登记、海关注册登记、检验检疫备案登记等手续，获取开展跨境贸易业务资质。夏青同学在老师的指导下与同学一起拟创立上海立达跨境电子商务公司，按要求准备好相关材料，并向工商、商委和海关等主管部门申办营业执照，获取对外贸易、报关报检资质。

实训目的

通过本单元的实训教学，学生应当掌握设立公司、办理对外贸易经营者备案登记、报关企业注册登记、出入境检验检疫企业备案的程序与要求以及申请所需材料，具备设立跨境电子商务公司的基本能力。

实训环境

本单元实训教学是在跨境电子商务实训室进行模拟操作，放置了上海三井跨境电商有限公司标识，并配置了若干电脑和 1 台打印机。

操作指南

一、申请公司名称的预先核准

设立有限责任公司，应当由全体股东指定的代表或者共同委托的代理人登录上海一网通办网站，进入“上海市开办企业‘一窗通’网上服务平台”，申请名称预先核准。设立股份有限公司,应当由全体发起人指定的代表或者共同委托的代理人向该平台申请名称预先核准。

(一) 准备企业名称预先核准的申请材料

企业名称预先核准申请材料主要包括:有限责任公司的全体股东或者股份有限公司全体发起人签署的《企业名称预先核准申请书》;全体股东或者发起人指定代表或者共同委托代理人的证明;市场监督管理局规定提交的其他文件。

(二) 了解企业名称预先核准的申请程序

企业名称预先核准申请流程有以下两个主要环节:

1. 自主申报企业名称

登录上海一网通办平台,并注册账号,进入"上海市开办企业'一窗通'网上服务"界面,选择"办理名称自主申报",点击"自主申报企业名称",再点击"名称新设",然后输入新设企业名称(可填写三个备选字号)、行业代码、联系电话等信息,经系统核查通过后再点击"提交"按钮。

2. 核发企业名称预先核准通知书

申请人收到企业名称预先核准通知后,可自行下载打印《企业名称预先核准通知书》(见图 1-1-1)。

企业名称预先核准通知书

(黄)登记内名预核字[210912]第 210 号

根据《企业名称登记管理规定》和《企业名称登记管理实施办法》等规定,同意预先核准下列 4 个投资人出资,注册资本(金)150 万元(人民壹佰伍拾万元整),住所设在上海市黄浦区人民路 1 号的企业名称为:上海立达跨境电子商务有限公司

行业及行业代码:

投资人、投资额和投资比例:王祥、60 万元、40%

方欣、30 万元、20%

李丽、30 万元、20%

张熙、30 万元、20%

王祥章

以上预先核准的企业名称保留期至 2021 年 9 月 1 日。在保留期内,企业名称不得用于经营活动,不得转让。经企业登记机关设立登记,颁发营业执照后企业名称正式生效。

上海市黄浦区市场监督管理局

核准日期:2021 年 8 月 15 日

图 1-1-1 《企业名称预先核准通知书》范例

二、申请“五证合一”营业执照

登录上海一网通办平台，进入“上海市开办企业‘一窗通’网上服务”界面，选择“法人办事”，再选择“营业执照”，进入“公司设立登记”页面，点击“我要开办企业”。

(一) 在线提交申请材料

“五证合一”营业执照申请材料主要包括：公司法定代表人签署的《新设企业五证合一登记申请表》、公司法定代理人签署的《公司设立登记申请书》、全体股东签署的公司章程、公司住所证明、公司法定代理人任职文件和身份证明、《企业名称预先核准通知书》等。

(二) 了解“五证合一”营业执照申请的程序

“五证合一”营业执照采用一表申请、一窗受理、并联审批、一份证照的登记模式。该营业执照申请流程有以下两个主要环节：

1. 提交申请材料

新设公司经办人首先登录上海市工商行政管理局网站申报系统，填写《新设企业五证合一登记申请表》(见表 1-1-1)，审核无误后打印，并由公司法定代表人签署。然后向上海市黄浦区工商行政管理部门“五证合一”综合受理窗口提交《新设企业五证合一登记申请表》、指定代表或者委托代理人的证明、公司法定代表人签署的《公司设立登记申请书》(见表 1-1-2)、全体股东签署的公司章程(见图 1-1-2)、依法设立的验资机构出具的验资证明、公司住所使用证明、公司法定代表人任职文件和身份证明、《企业名称预先核准通知书》等材料。

表 1-1-1　　《新设企业五证合一登记申请表》范例

(营业执照/组织机构代码证/税务登记证/社会保险登记证/统计登记证)

☑新设　☐变更　☐增发　☐补发证照　☐其他

营业执照基本信息					
企业名称	上海立达跨境电子商务有限公司				
住所/经营场所	上海市黄浦区人民路 1 号				
法定代表人/负责人姓名	王　祥	身份证号码	310106199208112837	手机号码	13917935888
经营范围	进出口服装业务、跨境贸易电子商务				

续表

组织机构代码证基本信息					
组织机构号（变更时填写）		□是 □否 增发组织机构			
机构类型	☑企业法人 □企业非法人 □其他机构				
主管部门		职工人数		10人	
开户银行（变更时填写）		开户账号（变更时填写）			
税务登记证基本信息					
纳税人识别号（变更时填写）		□是 ☑否 增发税务登记证			
财务负责人	方欣	身份证号码	310106199311042837	手机号码	13678987652
办税人	李丽	身份证号码	310106199108012837	手机号码	13671234567
从业人数	10人	其中外籍人员数量		无	
核算方式	□非独立核算 ☑独立核算				

表 1-1-2 《公司设立登记申请书》范例

名　称	上海立达跨境电子商务有限公司		
名称预先核准通知书文号	（黄）登记内名预核字〔210912〕第 210 号	联系电话	021-65788811
住　　所	上海市黄浦区人民路 1 号	邮政编码	200056
法定代表人姓名	王　祥	职　务	经　理
注册资本	150 万元	公司类型	有限责任公司（法人独资）
实收资本	150 万元	设立方式	发起设立
经营范围	许可经营项目：无 一般经营项目：服装批发		
营业期限	长期/10 年	申请副本数量	2 个
本公司依照《公司法》和《公司登记管理条例》设立，提交材料真实有效。谨此对真实性承担责任。 法定代表人签字：王祥 2021 年 8 月 16 日			

填写说明：

1. 公司类型填"有限责任公司"或"股份有限公司"，国有独资公司填写"有限责任公司（国有独资）"，一人有限责任公司注明"有限责任公司（自然人独资）"或"有限责任公司（法人独资）"。

2. 股份有限公司在"设立方式"栏填写"发起设立"或"募集设立"。

3. 营业期限选择"长期"或填写年份。

上海立达跨境电子商务有限公司章程

第一章　总　　则

第一条　依据《中华人民共和国公司法》(以下简称《公司法》)及有关法律、法规的规定，由王祥、方欣、李丽、张熙共同出资，设立上海立达跨境电子商务有限公司(以下简称公司)，特制定本章程。

第二条　本章程中的各项条款如与法律、法规的规定相抵触，以法律、法规的规定为准。

第二章　公司名称和住所

第三条　公司名称：上海立达跨境电子商务有限公司

第四条　住所：上海市黄浦区人民路1号

第三章　公司经营范围

第五条　公司经营范围：进出口服装业务；跨境电子商务

第六条　公司改变经营范围，应当修改公司章程，并向登记机关办理变更登记。

公司的经营范围中属于法律、行政法规和国务院决定规定须经批准的项目，应当依法经过批准。

第四章　公司注册资本

第七条　公司注册资本：150万元人民币，为在公司登记机关登记的全体股东认缴的出资额，股东以其认缴的出资额为限对公司承担责任。

第八条　公司变更注册资本的，应当提交依法设立的验资机构出具的验资证明，向登记机关申请变更登记。公司增加注册资本的，股东认缴新增资本的出资，依照《公司法》设立有限公司缴纳出资的有关规定执行。公司减少注册资本的，自公告之日起45日后申请变更登记，并提交公司在报纸上登载公司减少注册资本公告的有关证明和公司债务清偿或者债务担保情况的说明。公司减资后的注册资本不得低于法定的最低限额。

第九条　公司实收资本为人民币150万元，是全体股东实际交付并经公司登记机关依法登记的股本总额。公司变更实收资本的，应当提交依法设立的验资机构出具的验资证明，并按照公司章程载明的出资时间、出资方式缴纳出资。公司自足额缴纳出资之日起30日内向登记机关申请变更登记。

第十条　股东按照实缴的出资比例分取红利；公司新增资本时，股东有权优先按照实缴的出资比例认缴出资。

第十一条　公司变更注册资本、实收资本及其他登记事项，应当向原公司登记机关申请变更登记。未经变更登记，不得擅自改变登记事项。

第五章　股东的姓名或者名称、出资额、出资方式和出资时间

第十二条　股东的姓名或者名称如下：

序　号	股东姓名	住　所	身份证号码
1	王　祥	上海市松江区车亭公路1788号	310106199208112837
2	方　欣	上海市松江区车亭公路1788号	310106199311042837
3	李　丽	上海市松江区车亭公路1788号	310106199108012837
4	张　熙	上海市松江区车亭公路1788号	310106199001252837

续图

第十三条　股东的出资数额、出资方式和出资时间如下：

股东姓名	认缴情况			实缴情况		
	出资数额	出资方式	持股比例	出资数额	出资方式	出资时间
王　祥	60万元	货币	40%	60万元	货币	2021年8月
方　欣	30万元	货币	20%	30万元	货币	2021年8月
李　丽	30万元	货币	20%	30万元	货币	2021年8月
张　熙	30万元	货币	20%	30万元	货币	2021年8月

第十四条　股东以货币出资的，将货币出资足额存入公司在银行开设的账户；以实物、知识产权、土地使用权等可以用货币估价并可以依法转让的非货币财产作价出资的，依法办理其财产权的转移手续，并经具有评估资格的资产评估机构评估作价后，由验资机构进行验资。

第十五条　公司成立后，向股东签发出资证明书；公司置备股东名册，记载于股东名册的股东，可以依股东名册主张行使股东权利。

公司成立后，股东不得抽逃出资。

第十六条　股东的首次出资经依法设立的验资机构验资后，由全体股东指定的代表（或者共同委托的代理人）向公司登记机关申请设立登记。

第六章　公司的机构及其产生办法、职权、议事规则

第十七条　股东会由全体股东组成，是公司的权力机构，行使下列职权：

（一）决定公司的经营方针和投资计划；

（二）选举和更换非由职工代表担任的执行董事，决定有关执行董事的报酬事项；

（三）审议批准执行董事的报告；

（四）审议批准监事的报告；

（五）审议批准公司的年度财务预算方案、决算方案；

（六）审议批准公司的利润分配方案和弥补亏损的方案；

（七）对公司增加或者减少注册资本作出决议；

（八）对发行公司债券作出决议；

（九）对公司合并、分立、解散、清算或者变更公司形式作出决议；

（十）修改公司章程；

（十一）聘任或者解聘公司经理；

（十二）其他职权。

对前款所列事项股东以书面形式一致表示同意的，可以不召开股东会会议，直接作出决定，并由全体股东在决定文件上签名、盖章。

续图

第十八条　股东会的首次会议由出资最多的股东召集和主持。

第十九条　股东会会议由股东按照出资比例行使表决权。

第二十条　股东会会议分为定期会议和临时会议。定期会议依照规定的时间按时召开。代表十分之一以上表决权的股东，执行董事提议召开临时会议的，应当召开临时会议。

召开股东会会议，应当于会议召开20日以前通知全体股东。股东会应当对所议事项的决定作成会议记录，出席会议的股东应当在会议记录上签名(或盖章)。

第二十一条　股东会会议由执行董事召集和主持，执行董事不能履行或者不履行召集股东会会议职责的，代表十分之一以上表决权的股东可以自行召集和主持。

第二十二条　股东会会议作出修改公司章程、增加或者减少注册资本的决议，以及公司合并、分立、解散或者变更公司形式的决议，必须经代表三分之二以上表决权的股东通过。

第二十三条　公司不设董事会，设执行董事一名，执行董事由股东会选举产生。执行董事任期3年，任期届满，可连选连任。

第二十四条　执行董事对股东会负责，行使下列职权：

(一) 负责召集股东会，并向股东会议报告工作；

(二) 执行股东会的决议；

(三) 审定公司的经营计划和投资方案；

(四) 制订公司的年度财务预算方案、决算方案；

(五) 制订公司的利润分配方案和弥补亏损方案；

(六) 制订公司增加或者减少注册资本以及发行公司债券的方案；

(七) 制订公司合并、分立、解散或者变更公司形式的方案；

(八) 决定公司内部管理机构的设置；

(九) 制定公司的基本管理制度；

(十) 其他职权。

第二十五条　公司设经理一名，由股东聘任或者解聘。

第二十六条　经理对股东会负责，行使下列职权：

(一) 主持公司的经营管理工作；

(二) 组织实施公司年度经营计划和投资方案；

(三) 拟订公司内部管理机构设置方案；

(四) 拟订公司的基本管理制度；

(五) 制定公司的具体规章；

(六) 提请聘任或者解聘公司副经理、财务负责人；

(七) 决定聘任或者解聘除应由执行董事聘任或者解聘以外的负责管理人员；

续图

(八) 其他职权。

第二十七条　公司的法定代表人由执行董事(或总经理)担任,并依法登记。公司法定代表人代表公司签署有关文件,任期3年,任期届满,可连选连任。

第二十八条　法定代表人变更,应当自变更决议或者决定作出之日起30日内申请变更登记。

第七章　股东会会议认为需要规定的其他事项

第二十九条　股东之间可以相互转让其全部或者部分股权。

第三十条　股东依法转让股权后,公司应当相应修改公司章程和股东名册中有关股东及其出资额的记载。对公司章程的该项修改不需再由股东会表决。

第三十一条　公司的营业期限1年,自公司营业执照签发之日起计算。公司营业期限届满,可以通过修改公司章程而存续。公司延长营业期限须办理变更登记。

第三十二条　公司因下列原因解散:

(一) 公司章程规定的营业期限届满;

(二) 股东决定解散;

(三) 因公司合并或者分立需要解散;

(四) 依法被吊销营业执照、责令关闭或者被撤销;

(五) 人民法院依照《公司法》的规定予以解散;

(六) 其他解散事由。

公司因前款第(一)、(二)、(四)、(五)项规定而解散的,应当在解散事由出现之日起15日内成立清算组,开始清算。公司清算组由股东组成。

第三十三条　公司解散,依法应当清算的,清算组应当自成立之日起10日内将清算组成员、清算组负责人名单向公司登记机关备案。

第三十四条　清算组应当自成立之日起10日内通知债权人,并于60日内在报纸等媒体上公告。在申报债权期间,清算组不得对债权人进行清偿。

第三十五条　清算期间,公司存续,但不得开展与清算无关的经营活动。公司财产在未依照《公司法》规定清偿前,不得分配给股东。

公司清算结束后,清算组应当制作报经股东会(或者人民法院)确认的清算报告,并自清算结束之日起30日内向原公司登记机关申请注销登记,公告公司终止。

第八章　附　则

第三十六条　公司登记事项以公司登记机关核定的为准。

第三十七条　本章程未规定的其他事项,适用《公司法》的有关规定。

第三十八条　本章程经全体股东共同订立,自公司成立之日起生效。

续图

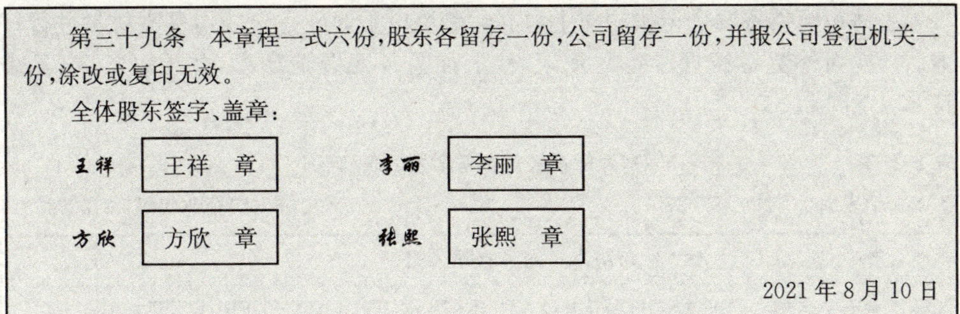
第三十九条　本章程一式六份，股东各留存一份，公司留存一份，并报公司登记机关一份，涂改或复印无效。

全体股东签字、盖章：

王祥　王祥　章　　李丽　李丽　章

方欣　方欣　章　　张熙　张熙　章

2021 年 8 月 10 日

图 1-1-2 《上海立达跨境电子商务有限公司章程》范例

2. 领取“五证合一”营业执照

上海市场监督管理局主管部门收到申请材料后作出是否准予登记或驳回登记的决定，如果同意登记，就将申请材料和《工商企业注册登记联办流转申请表》发送到质监部门、税务部门、人力资源与社会保障部门、统计部门分别进行审核，核准后由四部门分别将统一社会信用代码、税务登记证号码、社会保险登记证号码、统计登记证号码填入《工商企业注册登记联办流转申请表》，再发送至上海市场监督管理局主管部门。上海市场监督管理局主管部门将相关信息导入工商准入系统，生成工商注册号，打印“五证合一”营业执照，并向申请公司颁发。

三、办理对外贸易经营者备案登记

根据我国《对外贸易经营者备案登记办法》的规定，从事货物或技术进出口的公司必须向商务部或其委托的机构办理对外贸易经营者备案登记，获得对外贸易经营权。

(一) 准备对外贸易经营者备案登记的材料

对外贸易经营者备案登记材料主要包括：“五证合一”营业执照；商委主管部门规定要求提交的其他文件。

(二) 了解对外贸易经营者备案登记程序

对外贸易经营者备案登记流程有以下两个主要环节：

1. 提交备案登记材料

上海立达跨境电子商务有限公司应当先到上海市商委备案登记机关领取《对外贸易经营者备案登记表》，填写相关信息并由企业法人代表签字盖章；然后登录商务部对外贸易经营者备案登记平台在线申报，上传备案登记材料扫描件，并到上海市商委备案登记机构提交《对外贸易经营者备案登记表》、营业执照复印件等相关材料。

2. 核准予以备案登记

上海市商委备案登记机构对上海立达跨境电子商务有限公司备案材料进行核准后，在《对外贸易经营者备案登记表》上加盖备案登记印章，并予以备案（见表1-1-3、图1-1-3）。

表 1-1-3　　《对外贸易经营者备案登记表》范例

备案登记表编号：N08387623　　进出口企业代码：3100843215

经营者中文名称	上海立达跨境电子商务有限公司		
经营者英文名称	SHANGHAI LIDA CROSS-BORDER ECOMMERCE LTD		
组织机构代码		经营者类型 （由备案登记机关填写）	
住　　所	上海市黄浦区人民路1号		
经营场所（中文）	上海市黄浦区人民路1号		
经营场所（英文）	No.1 RENMIN ROAD SHANGHAI CHINA		
联系电话	021-65788811	联系传真	021-65788811
邮政编码	200056	电子邮箱	SIBO@sohu.com
工商登记注册日期	2021年9月1日	工商登记注册号	310607100226928

依法办理工商登记的企业还须填写以下内容：

企业法定代表人姓名	王　祥	有效证件号	310106199208112837
注册资金	150万元	（折美元）23.44万美元	

依法办理工商登记的外国（地区）企业或个体工商户（独资经营者）还须填写以下内容：

企业法定代表人/个体工商负责人姓名	王　祥	有效证件号	310106199208112837
企业资产/个人财产	150万元	（折美元）23.44万美元	
备注：无进口商品分销业务			

填表前请认真阅读背面的条款，并由企业法定代表人或个体工商负责人签字、盖章。

备案登记机关签章：上海市商务委员会 备案专用章

2021年9月4日

本对外贸易经营者作如下保证：

一、遵守《中华人民共和国对外贸易法》及其配套法规、规章。

二、遵守与进出口贸易相关的海关、外汇、税务、检验检疫、环保、知识产权等中华人民共和国其他法律、法规、规章。

三、遵守中华人民共和国关于核、生物、化学、导弹等各类敏感物项和技术出口管制法规以及其他相关法律、法规、规章，不从事任何危害国家安全和社会公共利益的活动。

四、不伪造、变造、涂改、出租、出借、转让、出卖《对外贸易经营者备案登记表》。

五、在备案登记表中所填写的信息是完整的、准确的、真实的；所提交的所有材料是完整的、准确的、合法的。

六、《对外贸易经营者备案登记表》上填写的任何事项自发生变化之日起，30 日内到原备案登记机关办理《对外贸易经营者备案登记表》的变更手续。

以上如有违反，将承担一切法律责任。

对外贸易经营者签字、盖章：王[illegible]

2021 年 9 月 3 日

图 1-1-3　备案登记表背面范例

四、办理报关单位注册登记

跨境电子商务企业应当按照海关对报关单位注册登记管理的相关规定到属地海关办理注册登记，如果不需要海关办理报关业务的，则应当在属地海关办理无报关权跨境电子商务企业信息登记。2018 年 4 月海关总署对企业报关报检资质进行了优化整合，发布了《关于企业报关报检资质合并有关事项的公告》。

（一）了解企业报关报检资质合并范围

《关于企业报关报检资质合并有关事项的公告》对企业报关报检资质合并范围作了明确的规定：一是将检验检疫自理报检企业备案与海关进出口货物收发货人备案，合并为海关进出口货物收发货人备案，企业备案后同时取得报关和报检资质；二是将检验检疫代理报检企业备案与海关报关企业（包括海关特殊监管区域双重身份企业）注册登记或者报关企业分支机构备案，合并为海关报关企业注册登记和报关企业分支机构备案，企业注册登记或者企业分支机构备案后，同时取得报关和报检资质；三是将检验检疫报检人员备案与海关报关人员备案，合并为报关人员备案，报关人员备案后同时取得报关和报检资质。

（二）了解海关注册登记或者备案程序

海关注册登记或者备案流程有以下三个主要环节：

1. 申请注册登记或者备案

企业在互联网上办理注册登记或者备案的，应当通过“中国国际贸易单一窗口”标准版“企业资质”子系统填写相关信息，并向海关提交申请。企业申请提交成功后，可以到其所在地海关任一业务现场提交申请材料。企业同时办理报关人员备案的，应当在该“单一窗口”相关业务办理中同时填写报关人员备案信息。

2. 提交申请材料

企业按照申请经营类别情况到海关业务现场提交下列书面申请材料：

(1) 申请进出口货物收发货人备案的，需要提交营业执照复印件、对外贸易经营者备案登记表复印件。

(2) 申请报关企业注册登记的，需要提交注册登记许可申请书、企业法人营业执照复印件、报关服务营业场所所有权证明或者使用权证明。

除在“中国国际贸易单一窗口”办理注册登记或者备案申请外，企业还可以携带书面申请材料到业务现场申请办理相关业务。

3. 核准登记获备案

海关在收取企业申请材料后进行审核，审核通过的，予以注册登记或者备案，并核发《中华人民共和国海关报关单位注册登记证书》(见图 1-1-4)。

GQ08

中华人民共和国海关
进出口货物收发货人报关注册登记证书

海关注册登记编码　3110965711

注册登记日期　2021 年 9 月 30 日

中华人民共和国上海海关

企业名称	上海立达跨境电子商务有限公司
企业地址	上海市人民路 1 号
法定代表人（负责人）	王祥
注册资本	壹佰伍拾万元
经营范围	进出口贸易、跨境电子商务

主要投资者名称	出资额及比例

备注：本证书有效期至 2025 年 9 月 30 日，报关单位应当在有效期届满前三十日至海关办理换证手续，逾期自动失效。

图 1-1-4　《中华人民共和国海关报关单位注册登记证书》范例

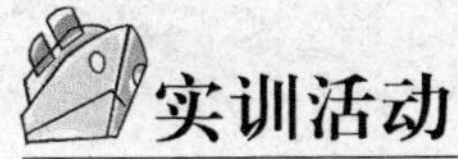

实训活动

一、活动背景

根据自愿组合的原则，由6名学生组成一家模拟跨境电子商务公司，每个模拟公司选出法人代表兼经理1人、国际采购专员1人、跨境电商营销专员1人、跨境电商运营专员1人、跨境物流专员1人、跨境电商客服专员1人，申请“五证合一”营业执照、办理对外贸易经营者备案登记、海关进出口货物收发货人备案，获取对外贸易经营权和报关报检资质。

二、实训资料

申请企业名称：上海三井跨境电商有限公司（备选公司为上海华美跨境电商有限公司、上海米兰跨境电商有限公司、上海甜蜜跨境电商有限公司）

申请企业地址：上海市浦东新区浦东路1号（邮编200021）

企业电话/传真：021-58343434/021-58343435（电子邮箱DF@sohu.com）

从事经营范围：进出口电子产品、跨境贸易电子商务

注册资本（金）：160万元

职工人数：12人

投资额与比例：夏青身份证号码310106199408232816/投资64万元/占40%
王闽身份证号码310106199405212816/投资48万元/占30%
王鑫身份证号码310106199407122816/投资48万元/占30%

委托代理人：夏青（法人代表）/身份证号310106199408232816/
手机号13917933388

委托事项及权限：名称预先核准/同意其他事项

委托有效期限：自2021年9月10日至2021年10月9日

财务负责人：王闽/手机号码13917933381

办税人：王鑫/手机号码13917933382

核算方式：独立核算

名称预先核准通知书文号：（黄）登记内名预核字210930第68号

公司类型：有限责任公司（法人独资）

经营范围：许可经营项目/无、一般经营项目/鞋帽、服装

营业期限：10 年
申请副本数量：3 个
进出口企业代码：QD3188432159
统一社会信用代码：3101062278358342-6
工商登记注册日期：2021 年 9 月 20 日(工商登记注册号 310607100212345)
注册海关：上海海关
经营类别：进出口货物收发货人(经济类型民营)
行业种类：3C 产品批发
报关报检负责人：王鑫/固定电话 021-58343434
开户银行：中国银行浦东支行(银行账号 80020032145867)

三、实训要求

请上海三井跨境电商有限公司根据上述实训资料完成《企业名称预先核准申请书》《上海三井跨境电商有限公司章程》《新设企业五证合一登记申请表》《公司设立登记申请表》《对外贸易经营者备案登记表》和《报关单位情况登记表》的填制，并制作 PPT 对该操作体验进行汇报。

1. 填写《企业名称预先核准申请书》

企业名称预先核准申请书

申请企业名称	
备选企业名称	
1	
2	
3	
拟从事的经营范围(只需要填写与企业名称行业表述一致的主要业务项目)	
注册资本(金)	万元　(法人企业必须填写)
企业类型	□公司制　□非公司制　□个人独资　□合伙
企业住所(地址)	
投资人姓名或名称、证照号码、投资额和投资比(签字盖章) 年　月　日	

2. 制定《上海三井跨境电商有限公司章程》

上海三井跨境电商有限公司章程

第一章 总 则

第一条 依据《中华人民共和国公司法》(以下简称《公司法》)及有关法律、法规的规定,由__________共同出资,设立________________________(以下简称公司),特制定本章程。

第二条 本章程中的各项条款如与法律、法规的规定相抵触,以法律、法规的规定为准。

第二章 公司名称和住所

第三条 公司名称:

第四条 住所:

第三章 公司经营范围

第五条 公司经营范围:进出口服装业务;跨境电子商务

第六条 公司改变经营范围,应当修改公司章程,并向登记机关办理变更登记。

公司的经营范围中属于法律、行政法规和国务院决定规定须经批准的项目,应当依法经过批准。

第四章 公司注册资本

第七条 公司注册资本:人民币______万元,为在公司登记机关登记的全体股东认缴的出资额,股东以其认缴的出资额为限对公司承担责任。

第八条 公司变更注册资本的,提交依法设立的验资机构出具的验资证明,向登记机关申请变更登记。

第九条 公司实收资本为人民币____万元,是全体股东实际交付并经公司登记机关依法登记的股本总额。

第五章 股东的姓名或者名称、出资额、出资方式和出资时间

第十条 股东的姓名或者名称如下:

序 号	股东姓名	住 所	身份证号码

第十一条 股东的出资数额、出资方式和出资时间如下:

股东姓名	认缴情况			实缴情况		
	出资数额	出资方式	持股比例	出资数额	出资方式	出资时间

续图

第十二条　公司成立后，向股东签发出资证明书；公司置备股东名册，记载于股东名册的股东，可以依股东名册主张行使股东权利。

第十三条　股东的首次出资经依法设立的验资机构验资后，由全体股东指定的代表（或者共同委托的代理人）向公司登记机关申请设立登记。

第六章　公司的机构及其产生办法、职权、议事规则

第十四条　股东会由全体股东组成，是公司的权力机构。

第十五条　股东会的首次会议由出资最多的股东召集和主持。

第十六条　股东会会议由股东按照出资比例行使表决权。

第十七条　公司不设董事会，设执行董事一名，执行董事由股东会选举产生。执行董事任期 3 年，任期届满，可连选连任。

第十八条　公司设经理一名，由股东聘任或者解聘。

第十九条　经理对股东会负责，行使下列职权：

（一）主持公司的经营管理工作；

（二）组织实施公司年度经营计划和投资方案；

（三）拟订公司内部管理机构设置方案；

（四）拟订公司的基本管理制度；

（五）制定公司的具体规章；

（六）提请聘任或者解聘公司副经理、财务负责人；

（七）决定聘任或者解聘除应由执行董事聘任或者解聘以外的负责管理人员；

（八）其他职权。

第二十条　公司的法定代表人由执行董事（或总经理）担任，并依法登记。公司法定代表人代表公司签署有关文件，任期 3 年，任期届满，可连选连任。

第二十一条　法定代表人变更，应当自变更决议或者决定作出之日起 30 日内申请变更登记。

第七章　股东会会议认为需要规定的其他事项

第二十二条　公司的营业期限 1 年，自公司营业执照签发之日起计算。公司营业期限届满，可以通过修改公司章程而存续。公司延长营业期限须办理变更登记。

第二十三条　公司因下列原因解散：

（一）公司章程规定的营业期限届满；

（二）股东决定解散；

（三）因公司合并或者分立需要解散；

（四）依法被吊销营业执照、责令关闭或者被撤销；

（五）人民法院依照《公司法》的规定予以解散；

（六）其他解散事由。

续图

第八章　附　则

第二十四条　本章程未规定的其他事项，适用《公司法》的有关规定。

第二十五条　本章程经全体股东共同订立，自公司成立之日起生效。

第二十六条　本章程一式__份，股东各留存一份，公司留存一份，并报公司登记机关一份，涂改或复印无效。

全体股东签字、盖章：

年　　月　　日

3. 填写《新设企业五证合一登记申请表》

新设企业五证合一登记申请表

（营业执照/组织机构代码证/税务登记证/社会保险登记证/统计登记证）

□新设　　□变更　　□增发　　□补发证照　　□其他

<table>
<tr><td colspan="6">营业执照基本信息</td></tr>
<tr><td>企业名称</td><td colspan="5"></td></tr>
<tr><td>住所/经营场所</td><td colspan="5"></td></tr>
<tr><td>法定代表人/
负责人姓名</td><td></td><td>身份证号码</td><td></td><td>手机号码</td><td></td></tr>
<tr><td>经营范围</td><td colspan="5"></td></tr>
<tr><td colspan="6">组织机构代码证基本信息</td></tr>
<tr><td>组织机构号
（变更时填写）</td><td colspan="2"></td><td colspan="3">□是　□否　增发组织机构</td></tr>
<tr><td>机构类型</td><td colspan="5">□企业法人　□企业非法人　□其他机构</td></tr>
<tr><td>主管部门</td><td colspan="2"></td><td>职工人数</td><td colspan="2"></td></tr>
<tr><td>开户银行
（变更时填写）</td><td colspan="2"></td><td>开户账号
（变更时填写）</td><td colspan="2"></td></tr>
<tr><td colspan="6">税务登记证基本信息</td></tr>
<tr><td>纳税人识别号
（变更时填写）</td><td colspan="2"></td><td colspan="3">□是　□否　增发税务登记证</td></tr>
<tr><td>财务负责人</td><td></td><td>身份证号码</td><td></td><td>手机号码</td><td></td></tr>
<tr><td>办税人</td><td></td><td>身份证号码</td><td></td><td>手机号码</td><td></td></tr>
<tr><td>从业人数</td><td></td><td colspan="2">其中外籍人员数量</td><td colspan="2"></td></tr>
<tr><td>核算方式</td><td colspan="5">□非独立核算　□独立核算</td></tr>
</table>

4. 填写《公司设立登记申请书》

公司设立登记申请书

<table>
<tr><td>名　称</td><td colspan="3"></td></tr>
<tr><td>名称预先核准
通知书文号</td><td></td><td>联系电话</td><td></td></tr>
<tr><td>住　所</td><td></td><td>邮政编码</td><td></td></tr>
<tr><td>法定代表人姓名</td><td></td><td>职　务</td><td></td></tr>
<tr><td>注册资本</td><td></td><td>公司类型</td><td></td></tr>
<tr><td>实收资本</td><td></td><td>设立方式</td><td></td></tr>
<tr><td>经营范围</td><td colspan="3">许可经营项目：
一般经营项目：</td></tr>
<tr><td>营业期限</td><td>长期/　　年</td><td>申请副本数量</td><td>个</td></tr>
<tr><td colspan="4">本公司依照《公司法》和《公司登记管理表》设立，提交材料真实有效。谨此对真实性承担责任。

法定代表人签字：
年　月　日</td></tr>
</table>

5. 填写《对外贸易经营者备案登记表》

对外贸易经营者备案登记表

备案登记表编号：　　　　　　　　　　进出口企业代码：

<table>
<tr><td>经营者中文名称</td><td colspan="3"></td></tr>
<tr><td>经营者英文名称</td><td colspan="3"></td></tr>
<tr><td>组织机构代码</td><td></td><td>经营者类型
（由备案登记机关填写）</td><td></td></tr>
<tr><td>住　所</td><td colspan="3"></td></tr>
<tr><td>经营场所（中文）</td><td colspan="3"></td></tr>
<tr><td>经营场所（英文）</td><td colspan="3"></td></tr>
<tr><td>联系电话</td><td></td><td>联系传真</td><td></td></tr>
<tr><td>邮政编码</td><td></td><td>电子邮箱</td><td></td></tr>
<tr><td>工商登记
注册日期</td><td></td><td>工商登记
注册号</td><td></td></tr>
</table>

依法办理工商登记的企业还须填写以下内容：

企业法定代表人姓名		有效证件号	
注册资金		（折美元）	

依法办理工商登记的外国（地区）企业或个体工商户（独资经营者）还须填写以下内容：

企业法定代表人/个体工商负责人姓名		有效证件号	
企业资产/个人财产			
备注：			

填表前请认真阅读背面的条款，并由企业法定代表人或个体工商负责人签字、盖章。

备案登记机关签章：

年 月 日

备案登记表背面：

本对外贸易经营者作如下保证：

一、遵守《中华人民共和国对外贸易法》及其配套法规、规章。

二、遵守与进出口贸易相关的海关、外汇、税务、检验检疫、环保、知识产权等中华人民共和国其他法律、法规、规章。

三、遵守中华人民共和国关于核、生物、化学、导弹等各类敏感物项和技术出口管制法规以及其他相关法律、法规、规章，不从事任何危害国家安全和社会公共利益的活动。

四、不伪造、变造、涂改、出租、出借、转让、出卖《对外贸易经营者备案登记表》。

五、在备案登记表中所填写的信息是完整的、准确的、真实的；所提交的所有材料是完整的、准确的、合法的。

六、《对外贸易经营者备案登记表》上填写的任何事项自发生变化之日起，30 日内到原备案登记机关办理《对外贸易经营者备案登记表》的变更手续。

以上如有违反，将承担一切法律责任。

对外贸易经营者签字、盖章：

年 月 日

6. 填写《报关单位情况登记表》

报关单位情况登记表

海关注册编码		组织机构代码		注册海关	
中文名称					
英文名称					
工商注册地址				邮政编码	
营业执照注册号		工商登记日期		进出口企业代码	
行政区划		经济区划		经济类型	
经营类别		组织机构类型		行业种类	
法定代表人（负责人）		法定代表人（负责人）身份证件类型		法定代表人（负责人）身份证件号码	
海关业务联系人		移动电话		固定电话	
上级单位名称		上级单位组织机构代码		与上级单位关系	

序号	出资者名称	出资国别	出资金额	出资金额币制

本单位承诺，我单位对向海关所提交的申请材料以及本表所填报的注册登记信息内容的真实性负责并承担法律责任。

（单位公章）

年　月　日

活动评价

上海三井跨境电商有限公司全体伙伴根据实训活动情况进行测评，填写下列团队活动测评表。

团队活动测评表

测评内容	评判标准/分值	总　分	自评分
实训操作情况	企业名称预先核准申请书/ 正确/ 12 分	12	
	错 1 个/ 扣 2 分		
	上海三井跨境电商有限公司章程/ 正确/ 12 分	12	
	错 1 个/ 扣 2 分		
	公司设立登记申请书/ 正确/ 12 分	12	
	错 1 个/ 扣 2 分		
	对外贸易经营者备案登记表/ 正确/ 12 分	12	
	错 1 个/ 扣 2 分		
	报关单位情况登记表/ 正确/ 12 分	12	
	错 1 个/ 扣 2 分		
PPT 专题汇报	PPT 设计制作/ 好/ 10 分	10	
	PPT 设计制作/ 一般/ 6 分		
	PPT 设计制作/ 较差/ 3 分		
	语言表达/ 好/ 10 分	10	
	语言表达/ 一般/ 6 分		
	语言表达/ 较差/ 3 分		
合作完成质量	达到目标/ 好/ 10 分	10	
	达到目标/ 一般/ 6 分		
	达到目标/ 较差/ 3 分		
团队协作精神	协作精神/ 好/ 10 分	10	
	协作精神/ 一般/ 6 分		
	协作精神/ 较差/ 3 分		
计　分			

指导教师评价表

评价项目	评价内容	评价意见
企业名称预先核准申请书	1. 各项栏目填写是否正确 2. 各项栏目选项是否正确	
上海三井跨境电商有限公司章程	1. 每个条款的内容填写是否正确 2. 第十条、第十一条信息填写是否正确 3. 全体股东签字与盖章是否齐全	
新设企业五证合一登记申请表	1. 各项栏目填写是否正确 2. 各项栏目选项是否正确	
公司设立登记申请书	1. 触屏笔使用方法是否了解 2. 触屏操作方法是否掌握	
对外贸易经营者备案登记表	1. 各项栏目填写是否正确 2. 各项栏目选项是否正确 3. 签字与盖章是否齐全	
报关单位情况登记表	1. 各项栏目填写是否正确 2. 签字与盖章是否齐全	
PPT 汇报效果	1. PPT 设计制作是否美观 2. 文字描述是否精练 3. 语言表达是否流畅 4. 汇报效果是否良好	

实训二　注册第三方跨境电商平台

实训背景

在跨境电子商务活动中，商品交易是以跨境电子商务平台为载体，通过商品上架、商品营销、订单处理、货款支付、货物配送等环节予以完成。上海立达跨境电子商务公司在开展经营活动之前了解了国内外主要第三方跨境电子商务平台、平台的类型、平台规模和平台特色，并根据公司经营目标选择敦煌网跨境电商平台、亚马逊跨境电商平台进行账号注册，开展跨境贸易交易(B2B)和跨境零售电子商务(B2C)。

实训目的

通过本单元的实训教学，学生应当掌握入驻敦煌网与亚马逊第三方跨境电子商务平台的资质、条件、交易规则、注册程序与要求等内容，具备入驻第三方跨境电子商务平台的基本能力。

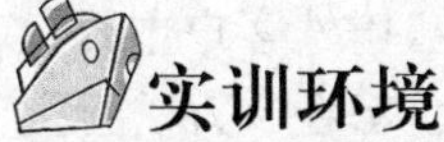

实训环境

本单元实训教学是在跨境电子商务实训室进行模拟操作，放置了上海三井跨境电商有限公司标识，并配置了若干电脑和 1 台打印机。

操作指南

一、了解第三方跨境电商平台概况

(一) 国内第三方跨境电商平台

1. 敦煌网

敦煌禾光信息技术有限公司简称敦煌网，成立于 2004 年，是一家 B2B 出口跨境电商平台(见图 1-2-1)。

图 1-2-1 敦煌网站界面

敦煌网商业模式是以中小外贸企业为中心，通过市场精准定位、产业链服务、信息数字技术和精细化管理，赋能供应端和采购端的客户，提升国际市场竞争力。基本内容有以下五个方面：

(1) 定位目标。打造一个聚集境内众多中小供应商的产品，为境外众多中小采购商提供采购服务，成为一个全天候"卖全球、买全球"的国际网上批发交易平台。

(2) 客户细分。敦煌网的客户主要是在线注册用户、提供个性化服务收费客户和其他途径的客户，注册买家超过了 2 100 万家，累计注册供应商超过了 200 万家，覆盖全球 222 个国家和地区。境内客户主要是中小外贸企业，境外客户主要是小零售商、小批发商，特点是公司运营资金不雄厚，采购金额不大，都在 1 万美元之内，但总体数量较大。

(3) 核心能力。敦煌网的核心能力主要有两个方面：一是为跨境电商卖家提供信息发布平台，提供注册、开店、交易、翻译、物流、支付等一站式免费服务，以及个性化增值服务、敦煌贷款服务和客户拼单服务，有助于降低客户运营成本，提升中小企业的经营效益；二是为跨境电商买家搭建数字贸易中心，采用线下样品与线上交易相结合的模式，能在现场体验样品、手机扫码下单、现场提货、配备售后和退换货服务，通过各国数字枢纽中心的建设，以点概面，覆盖全球。

(4) 精细化管理。敦煌网的精细化管理表现为三个方面：一是物流服务管理，拥有 200 多条物流专线、17 个海外仓、50 多个国家或地区的清关能力，并与全球著名的 DHL、联邦快递等国际物流公司开展合作，不仅能提供各种运输方式、海外仓服务，还能为客户获取低于同等物流成本 50%的运费；二是支付服务管理，提供 30 多种安全有效的在线支付方式，支付企业包括各国本地化金融机构和国际支付公司；三是数字贸易智能生态体系，主要以服务沉淀数据、以数据建立信用、以信用保障交易、以交易升级服务，在这一闭环中实现信息层面、资金层面、流通层面的循环优化，进化衍生贸易服务新物种，促进外贸整体生态的不断进化。

(5) 盈利模式。敦煌网的盈利模式主要包括三个方面：一是业务服务费，向跨境卖家收取广告费、会员费和增值服务费；二是交易佣金，向买家收取平均约 7% 的交易佣金，即在卖家报价上加价部分的金额；三是金融服务费，敦煌网与招商银行联名发行“敦煌网生意一卡通”，提供融资、结算、理财一体化的小微企业金融服务。

2. 全球速卖通

全球速卖通简称“速卖通”(AliExpress)，成立于 2010 年，是阿里巴巴旗下中国最大的 B2C 跨境电商平台(见图 1-2-2)。

图 1-2-2　速卖通网站界面

速卖通的商业模式是以中小商家与消费者为中心，通过市场精准定位、产业链服务、信息数字技术和精细化管理，为客户提供精准化服务。基本内容有以下五个方面：

(1) 定位目标。速卖通致力于打造一个聚集中小商家，为其提供直面终端消费者的销售渠道和销售保障，给全球消费者提供采购渠道和消费保障的 B2C 跨境电商平台。

(2) 客户细分。速卖通根据网民规模、消费能力和教育程度等因素，选择俄罗斯、美国、西班牙、巴西和法国作为目标市场，并以这五个国家的青年人为特定的客户群体，2019 年这些国家的消费者贡献了平台交易总额的 95%。

(3) 核心能力。速卖通依托阿里巴巴集团的网络信息技术、阿里云计算等先进技术的支持，共享阿里旗下所有平台的流量与信息，促进了信息流、货物流和资金流的快速周转，高效率的信息流转成为平台的核心竞争力。

(4) 精细化管理。速卖通的精细化管理表现为五个方面：一是为了便于消费者在购物时能随时向跨境商家咨询解疑，开发了“trade message”即时通信工具，确保下单过程中的及时沟通；二是为了使消费者能够尽快找到需求商品，提供了关键词搜索和多种筛选功能，并运用大数据与智能技术根据消费者的喜好和价位向不同客户精准推送相关商品信息；三是为了提高商家的经营效益，提供了广告宣传和直通车等促销工具，通过后台提供各种数据，供商家参考；四是为了能让商家进行便捷配送，提供了邮政大小包、商业快递、速卖通合作物流(如 AliExpress 无忧物流)等多种跨境物流方案，通过多条物流专线、9 个海外仓的优势实现全球包裹 72 小时内送达的服务；五是为了给消费者提供便利化支付方式，建立了国际支付宝、PayPal、西联汇款、VISA 与 MasterCard 信用卡支付等支付体系。

(5) 盈利模式。速卖通的盈利模式包括三个方面：一是业务服务费，网站通过向跨境卖家推出 SEO 优化、广告宣传和直通车工具进行付费服务，如直通车流量包付费服务价格为 1 次 1 元、直通车创意包为 1 次 500 元、直通车运营为 1 次1 000 元、精细化直通车运营为 1 次 2 000 元、直通车托管代理代运营为 1 次 5 000 元；二是交易佣金，向网站消费者和卖家收取 5% 的交易中介费；三是金融服务费，从 2020 年起速卖通不收取年费，而是通过支付宝国际账户提交保证金，进行担保交易，卖家违法违规时作为违约金予以扣除。

(二) 国外主要第三方跨境电商平台

1. 亚马逊

亚马逊网络电子商务公司简称“亚马逊”(Amazon)，于 1995 年在美国西雅图成立，是美国最大的，也是最早的一家网络电子商务公司。亚马逊已在加拿大(www. Amazon.ca)、英国(www. Amazon.cn.uk)、法国(www. Amazon.fr)、中国(www. Amazon.cn)、德国(www. Amazon.de)、荷兰(www. Amazon.nl)、澳大利亚(www. Amazon.com.au)、西班牙(www. Amazon.es)、意大利(www. Amazon.it)、墨西哥(www. Amazon.com.mx)、日本(www. Amazon.co.jp)等国设立了子公司，采用 B2C、C2C 交易模式。亚马逊中国是亚马逊在中国的 B2C 网站(见图 1-2-3)，总部设在北京，在上海和广州设有两家分公司，经营图书、影视、音乐、软件、教育音像、游戏/娱乐、消费电子、手机/通讯、家电、电脑/配件、摄影/摄像、MP3/MP4、视听/车载、日用消费品、个人护理、钟表首饰、礼品箱包、玩具、厨具、母婴产品、化妆、家居、床上用品、运动健康、食品酒水、汽车用品等商品。亚马逊中国已开通北美、欧洲、澳大利亚、中东、日本、新加坡、印度等站点直邮中国的服务。中国卖家如果注册了北美站点，该账号就可用于美国、加拿大和墨西哥三个站点；如果注册欧洲站点，该账号就可用于英国、德国、法国、意大利和西班牙五个站点；如果注册日本、新加坡等其他站点，就需要单独注册。

图 1-2-3　亚马逊中国站点界面

亚马逊商业模式是以客户利益为中心，通过规模优势、价格优势和全方位精细化管理，融合科技创新，不断优化和完善客户体验，积极创造和获取价值。基本内容有以下五个方面：

(1) 规模化运营。亚马逊推出第三方开放平台、网络服务、Prime 服务、外包物流服务和自助数字出版平台，买家可从该平台找到所希望购买的任何商品。

(2) 精准化营销。亚马逊推出了“一键下单”的定购方式和读者查找图书内容的“书内搜索”等工具。

(3) 低价化营销。亚马逊鼓励买家批量购买、提前付款、淡季购买，并在商品原价格上给予一定的数量折扣、现金折扣、功能折扣和季节性折扣等回扣，通过扩大销量来弥补折扣费用并增加利润。

(4) 精细化管理。亚马逊采用了两种管理方式：一是美国站点的 Prime 会员每年只需支付 99 美元，即可享受全年无限次快件 2 日送达国内的服务，免费观看亚马逊影片、收听音乐广播、存储海量照片等；二是物流通关服务，亚马逊海外直邮能为跨境买家提供标准、加快、特快三种配送服务，使用上万个机器人处理订单，快速拣货，办理清关手续，并为亚马逊 Prime 会员提供全年跨境免邮服务，从亚马逊美国直邮中国的订单只要 5 至 9 个工作日就能送达。

(5) 创建自有品牌。亚马逊于 2013 年 5 月推出了“Amazon Coins”虚拟货币，可以在亚马逊应用商店中购买应用程序、游戏和程序内项目，在一定程度上推动了在线销售的规模和业绩。

2. eBay

皮埃尔·欧米迪亚于 1995 年在美国加利福尼亚州创立了名为 Auctionweb 的 C2C

拍卖网站，提供收藏品信息交流和交易服务，1997 年该网站更名为 eBay(见图 1-2-4)。

图 1-2-4　eBay 网站界面

3. Wish

Wish 是一家移动 App 平台，于 2011 年在美国硅谷成立，仅向用户推送商品信息，不涉及商品交易。2013 年，Wish 升级为移动互联网购物平台，推出了 Wish、Geek、Mama、Cute、Home 和 Wish for Merchants 6 个垂直的移动 App，涉及美妆、饰品、家居用品、服装服饰、儿童用品、手表、母婴用品和 3C 电子等 14 个品类商品，采用优化算法大规模获取数据，为每个消费者快速提供精准商品信息。2014 年，Wish 在中国成立了全资子公司，是全球最大的移动电商平台(见图 1-2-5)。

图 1-2-5　Wish 移动商务平台界面

Wish 商业模式是以工厂型卖家和消费者为中心，通过智能化推荐技术和精细化管理，为全球商户和消费者提供优质的移动商务体验。基本内容有以下五个方面：

(1) 定位目标。Wish 致力于打造一个集聚工厂型卖家和消费者，通过采取简单直接的运营规则，开展社会化的营销，将社交媒体与购物相结合的移动互联网购物平台。

(2) 客户细分。Wish 的客户主要集中在欧洲、美洲、亚洲和太平洋地区经济较发达的国家或地区，多为 20 岁至 40 岁之间的消费者群体，注重商品的品牌和性价比。

(3) 核心能力。Wish 的核心竞争力是完善的供应链体系和智能化推荐技术以及精细化管理。Wish 将社交媒体与购物相结合，通过多功能的 App 开展精准受众服务。

(4) 精细化管理。Wish 采用四种管理方式：一是产品推广，如加入 Wish Express 并通过 App 前端五种推送方式带来超过 3 倍的流量，复购率可提升 14%；二是采用本土化的网站建设方式，针对不同国家采用当地的语言，简易可读；三是 Wish 与多家优质物流商合作，提供专线产品、专业仓储等快捷高效的跨境出口物流服务，为 Wish 商户提供货物揽收、配送、跟踪查询等服务；四是一对多的在线服务费结算，安全便捷、统一对账。

(5) 盈利模式。Wish 不向用户收取平台费、保证金和推广费用，只从商家提供给 Wish 的定价中抽取一定百分比或一定金额作为佣金。

二、选择第三方跨境电商平台的依据

选择第三方跨境电子商务平台主要考虑的是以下五个方面因素：

(一) 第三方跨境电商平台的安全性

对于开展跨境电子商务企业来说，交易的对象主要是世界各国的中小企业和个体消费者，在一个单位时间内交易批数的密度相对较大，所以对第三方跨境电子商务平台技术的要求更高，确保交易的稳定和收付货款的安全，是选择入驻第三方跨境电子商务平台的首要前提。

(二) 第三方跨境电商平台的品牌

在国内或国际上享有品牌效应的第三方跨境电子商务平台，通常都是建立时间较长、规模较大、会员众多的平台，不仅能提供一站式的全方位服务，还拥有世界各国较大规模的各类大小买家，流量大，能实现精准营销，快速帮助中小企业在海外找到订单，且能提供良好的服务。

(三) 第三方跨境电商平台产品受众的范围

对于开展跨境电子商务企业来说，交易的对象主要是世界各国的中小企业和个体消费者，不同的中小企业和消费者会根据自己的爱好选择第三方跨境电子商务平台选购商品，这就形成了不同平台的经营特色。因此，在选择第三方平台时还应考虑商品的品类、品牌、平台交易特色的关联度。

（四）第三方跨境电商平台的类型

选择第三方跨境电商平台的类型主要基于两个方面的考虑：一是根据交易模式选择 B2B 或 B2C 第三方跨境电子商务平台。二是根据经营目标选择垂直类或水平类第三方跨境电子商务平台。垂直类平台是为同类行业内的上下游买家与卖家提供交易，专业性强，目标客户明确；水平类平台是将各个行业集中到同一个平台上进行交易活动，综合性强，成交的机会较大。

（五）第三方跨境电商平台的功能

第三方跨境电子商务平台运营功能主要体现在三个方面：一是注重硬件技术稳定；二是具备搜索、咨询、营销、下单、支付、物流、结算等跨境交易的基本功能，导航清晰完整，操作简单便捷；三是能提供一站式服务，给用户一个良好的体验。

三、入驻敦煌网跨境电商平台

（一）了解卖家注册条件

卖家入驻敦煌网跨境电商平台应当经过工商注册，独立法人需要取得“多证合一”营业执照、外贸经营权和报关报检资质，并符合敦煌网卖家注册的资格。上海立达跨境电子商务公司符合注册敦煌网跨境电商平台的条件。

（二）熟悉卖家注册程序

1. 阅读敦煌网的服务协议

上海立达跨境电子商务公司在注册前需阅读敦煌网对注册供应商的服务协议，协议内容如图 1-2-6 所示。

敦煌网对注册供应商的服务协议

甲方：敦煌网（以下简称网站）

乙方：注册供应商或卖家（以下简称卖家）

一、定义与资格

卖家注册是指申请注册者在登录网站并按要求填写相关信息并确认同意履行本协议的过程。

卖家资格是指具有合法经营资格的实体组织或个人，经办人具备完全民事行为能力的自然人。

二、甲方权利与义务

（一）甲方的权利

1. 甲方对于数据维护更新等原因所造成的短时间的网络中断不承担任何责任。

2. 因网上交易的特殊性，甲方没有义务对乙方的注册资料、交易行为、与交易有关其他事项进行事先审查。但下列情况例外：

(1) 甲方被告知某乙方、某具体交易事项可能存在重大问题；

(2) 甲方被告知某乙方、某项交易有不当行为或违法时，可以明显确认其不当性质或违法的。

3. 甲方承诺保护知识产权，制定知识产权权利人认证方案，禁止销售和展示侵犯知识产权的产品。

4. 甲方有权根据不同情况选择保留或删除相关信息、继续或停止提供服务，并追究相关法律责任。

5. 甲方对网站存在的违法行为、不当行为或甲方认为应当终止服务的情况，可随时删除相关信息，冻结账户，终止服务，无须征得乙方同意。

6. 甲方有权在网站上以网络发布形式公布乙方的违法行为。

7. 甲方不允许线下交易，对于违反规定的交易行为不负有责任。

8. 甲方不负责运送、储存或递交。

9. 甲方根据当事人的请求有权调解交易中产生的争议，依照法定程序要求积极配合并提供有关资料。

10. 甲方享有乙方授予许可使用权利，并有权对该权利进行再授权。

11. 甲方有权在法律允许的情况下，以乙方的资金抵扣乙方对甲方的债务。

12. 甲方有权单方面转让本协议，无须征得乙方同意。

(二) 甲方的义务

1. 甲方仅提供产品展示和交易平台，不直接参与买卖行为的本身。

2. 甲方确保网站的正常运行，合力提升和改进技术，保证交易活动的顺利。

3. 甲方对乙方在注册与交易中所遇到的问题及反映的情况应及时作出回复。

4. 甲方在收到乙方的付款申请后，经核实无误后向乙方进行放款操作。

5. 甲方不经乙方许可，不得向任何人出售或出借其个人信息，不允许任何第三方以任何手段收集、编辑、出售或者无偿传播乙方信息。

6. 甲方可以采取有效措施对乙方进行评估，将评估结果公之于众，并对交易过程进行监督。

三、乙方权利与义务

(一) 乙方的权利

1. 乙方有权根据本协议及网站相关规则在网上登录产品信息，进行商品销售以及有关活动，并享受网站提供的信息服务。

2. 乙方可以接收来自网站的信息。

3. 乙方可以根据实际情况实时维护修改价格信息。

4. 乙方在发送货物后可以保留货运记录，作为如何解决争议的证据。

5. 乙方必须通过货运公司确认货物妥投后，可以向网站提起付款申请。

6. 乙方如与其他注册卖家因交易产生纠纷，可请求网站协调解决，也可通过法律诉讼，网站按调解协议或裁决进行交割。

续图

7. 乙方如发现其他注册卖家有违法或违反本协议的行为,可以向敦煌网进行反映要求处理。

(二)乙方的义务

1. 乙方在网站注册时提供真实资料,确保有效性及安全性,并在发生相关信息变更时及时更新。

2. 乙方保证在注册、交易或列举物品过程中提供的任何资料,包括数据、文本、软件、音乐、声响、照片、图画、影像、词句等不侵犯他人知识产权或合法权益,不违反法律法规规定,否则承担其法律责任。

3. 乙方在网站上不得出售法律法规禁止的,或违背社会公共利益和公共道德的,或侵犯他人知识产权及合法权益的,或网站认为不适合在网上销售的物品。

4. 乙方在网站进行交易中,须遵守诚实信用的原则,不得采取不正当竞争行为,不扰乱网上交易的正常秩序,不得从事与网上交易无关的行为。

5. 乙方不得在产品描述页面、产品图片、询盘回复、留言、邮寄货物等留有自身联系方式,不得有在线下成交或成交不卖的现象,一旦发现,视情节轻重分别给予警告、不符合要求信息删除、违规产品下架或删除、扣除信用评分、账号封号或关闭。

6. 乙方在收到网站订单付款通知后,按照订单供货时间、地点、数量、配置、品质、价格等要求发货。

7. 乙方负责产品售后服务并承担在保质期内因为售后服务产生的费用。

8. 乙方同意不把网站中的信息和资料作商业性利用。

9. 乙方应承担在网站交易、获取有偿服务或接触网站服务器而发生的所有应纳税赋和办公费用等。

10. 乙方同意因其违反有关法律和本协议的规定致使网站受损,应承担赔偿网站一切损失费用。

四、服务终止的情形

(一)甲方终止的情形

甲方有权通过注销方式终止服务的情形:

1. 甲方未收取服务费的情况下,可自行决定终止乙方的服务,并删除其注册信息以及由此产生的义务。

2. 甲方对乙方违反服务协议的规定时,告知乙方终止对其提供服务,并不接受以后注册申请。

3. 乙方在三个工作日内未能更改的电子邮箱地址,甲方有权终止其服务的义务。

4. 甲方发现乙方注册资料中的主要内容是虚假的,可以随时终止其服务。

5. 甲方发现乙方在产品描述页面、产品图片上以及询盘回复、留言、邮寄货物时留有自身联系方式的情况,可以终止其服务。

6. 乙方在服务协议终止或补充或修改时未予以确认新的服务协议,甲方有权终止其服务的义务。

(二)甲方中断与终止的情形

1. 乙方向甲方提出注销其注册时,经甲方审核同意后予以注销,解除服务协议关系。但甲方仍保留下列权利:

(1) 甲方有权保留乙方的注册资料及以前的交易行为记录；

(2) 甲方有权对乙方在注销前存在违法行为行使本服务协议所规定的权利。

2. 乙方在服务协议届满时，该协议自然终止。

(三) 终止之前乙方交易行为的处理

1. 乙方在服务终止之前已经上传至网站的物品尚未交易或尚未交易完成的，甲方有权在终止服务的同时删除物品信息，并通知买家。

2. 乙方在服务终止之前已经确认订单，甲方有权在终止服务的同时删除其要约，并通知买家负责退款。

3. 乙方在服务终止之前已经就确认订单交运，甲方可允许交易完成。

五、其他禁止的情形

1. 乙方不得将内容或物品张贴于不适当的类别或网站或服务中不适当的地方。

2. 乙方不得不运送买家已经购买的货品，除非买家并未遵守条款或送货地址不详。

3. 乙方不得操纵任何货品价格，或干扰其他会员的登录物品。

4. 乙方不得规避或操纵甲方的收费系统、缴款程序或应缴的敦煌网收费。

5. 乙方不得以任何方式企图损害网站的安全系统或功能。

6. 乙方不得张贴不实、错误、误导性、诽谤性或中伤他人的内容，包括个人资料。

7. 乙方不得采取任何会破坏信用评价或评级系统的行动。

8. 乙方未经甲方同意，不得将信用评价和会员账号转移给另外一人。

9. 乙方不得散布或张贴垃圾邮件、连锁信件或金字塔式销售。

10. 乙方不得散布病毒，或散布任何可能损害敦煌网或其他用户利益或财产之技术。

11. 乙方不得复制、修改或散布网站内容及敦煌网的版权和商标。

12. 乙方未经其他用户同意而搜集或以任何方式收集包括电邮地址等会员资料。

六、通知

通知以电子邮件形式或双方约定的其他形式发送，在电子邮件发出 24 小时后应被视为已送达。通过邮资预付挂号邮件的通知发到乙方提供的地址，付邮当日 3 天后被视为已送达。

七、不可抗力

由于超出合理控制范围以外的原因而使敦煌网迟延或未能履约或未能完全履约，敦煌网不负任何责任。此情况包括但不限于：地震、台风、水灾、战争、恐怖活动、暴动、罢工、全国性行业政策调整、政府行为、网络传输故障、网络供应商原因、黑客攻击等不可抗力事件。

八、法律适用和争议解决

1. 本协议之签署、效力、解释和执行以及本协议项下争议之解决等均应适用中华人民共和国法律。

2. 因本服务协议而产生之争议，双方应友好协商解决。如协商不成，则任何一方均可将有关争议提交中国国际经济贸易仲裁委员会，按照该会届时有效的仲裁规则在北京仲裁解决。仲裁语言为中文。双方均认可的仲裁裁决为终局的，对双方均有约束力。

图 1-2-6　敦煌网的服务协议

2. 登录敦煌网网址

上海立达跨境电子商务公司业务主管输入敦煌网地址 http：//seller.gate.com，进入敦煌网的卖家页面，点击“免费开店”按钮（见图 1-2-7），进入“填写商户信息”界面。

图 1-2-7 “免费开店”按钮界面

3. 输入或选择相关信息

上海立达跨境电子商务公司业务主管在“填写商户信息”界面中输入或选择以下相关信息：

(1) 输入用户名及密码。输入上海立达跨境电子商务公司用户名“Shanghai lida c-br e ltd”，输入密码“12345678”后确认，再输入一次密码“12345678”后确认。

(2) 输入手机号码。选择“中国大陆”，并在右列输入框内输入上海立达跨境电子商务公司王祥总经理手机号码“13917935888”。

(3) 输入邮箱地址。在输入框内输入上海立达跨境电子商务公司邮箱地址“SIBO@sohu.com”。

(4) 选择主营行业。根据上海立达跨境电子商务公司的主营行业，在选择框内选择“服装”。

(5) 选择用户类型。根据上海立达跨境电子商务公司的区域属性，在选择框内选择“大陆企业”。

(6) 输入验证码。根据“验证码”下方提示的验证码字母，在输入框内进行输入。

以上信息全部输入或选择完成后，点击下方“提交注册信息并继续”按钮（见图 1-2-8），进入激活账号界面。

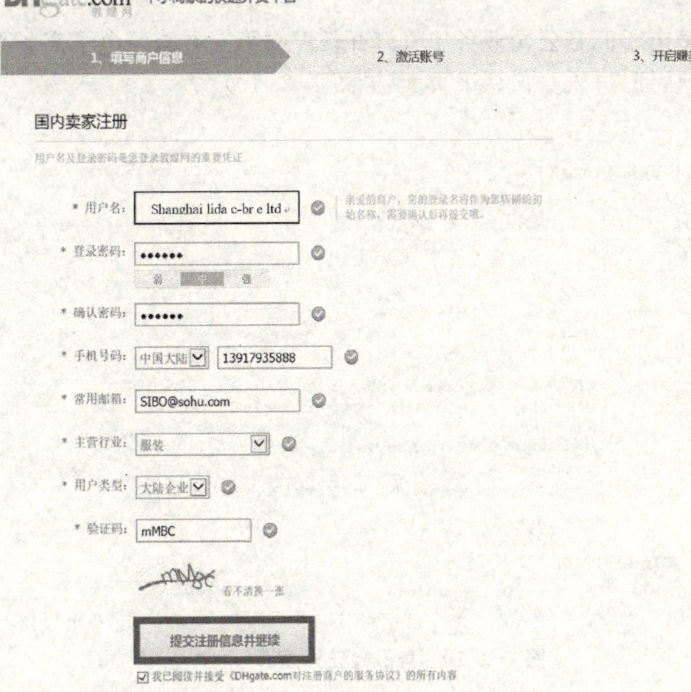

图 1-2-8 “提交注册信息并继续”按钮界面

4. 激活账号

上海立达跨境电子商务公司业务主管收到手机验证信息后，点击“发送验证码”进行验证。收到邮箱的验证信后，点击“登录邮箱激活”按钮进行验证(见图 1-2-9)。

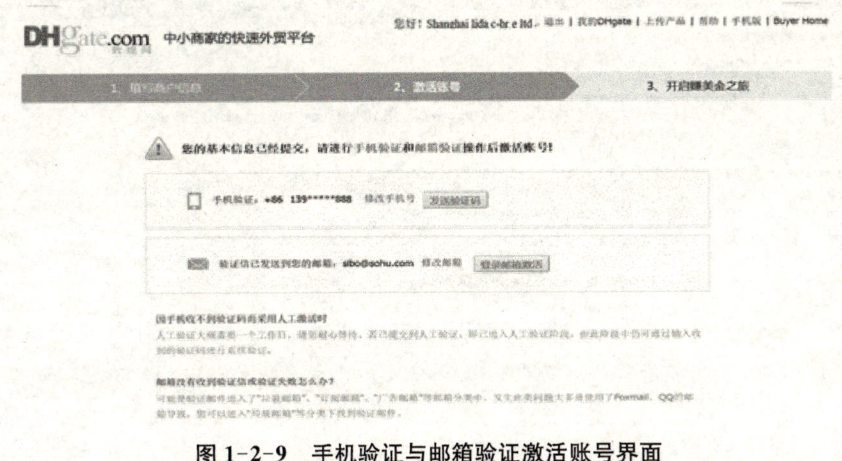

图 1-2-9 手机验证与邮箱验证激活账号界面

5. 进行身份验证

上海立达跨境电子商务公司业务主管打开敦煌网第三方跨境电子商务平台卖家后台，点击身份认证，进入身份认证页面(见图 1-2-10)。

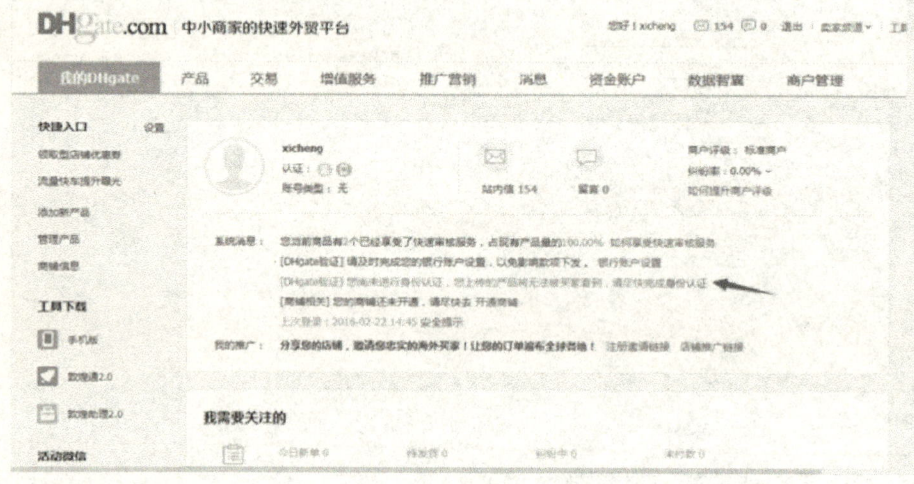

图 1-2-10　身份验证界面

6. 进行用户验证

上海立达跨境电子商务公司业务主管在认证页面中，选择大陆企业(见图 1-2-11)。在身份认证页面中，填写联系人姓名、联系人身份证号、公司名称、营业

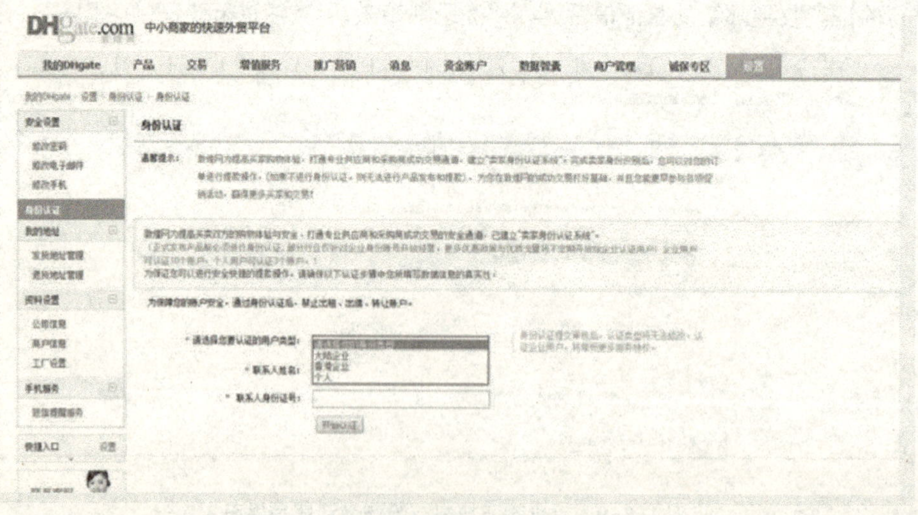

图 1-2-11　选择大陆企业界面

执照号信息，点击“开始认证”按钮(见图 1-2-12)。点击“开始认证”按钮后进入大陆企业认证，上传营业执照副本、法人手持身份证正面头部照片、法人手持身份证反面头部照片、敦煌网联系人手持身份证正面头部照片、敦煌网联系人手持身份证反面头部照片、带有企业门牌及企业名称的照片或法人手持营业执照照片(见图 1-2-13)。上传认证材料应当符合四个方面的要求：一是照片清晰，其中证件内容信息可辨；二是证照相符，真实有效；三是手持身份证或营业执照，其中身份证应放在左右手大拇指和食指之间，位置在颈部下，营业执照由左右手托住下方，位置在胸前；四是文件大小为 2M，上传格式为 JPG，也可是 GIF 或 JPEG 或 PNG 或 BMP。

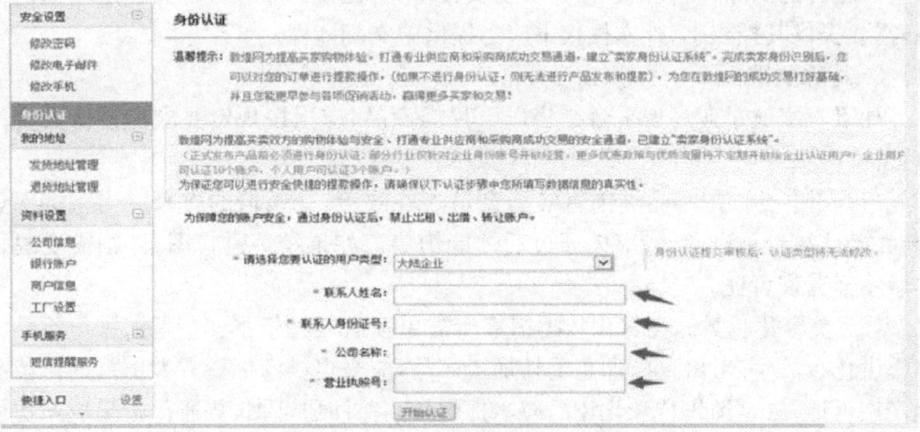

图 1-2-12　填写认证信息界面

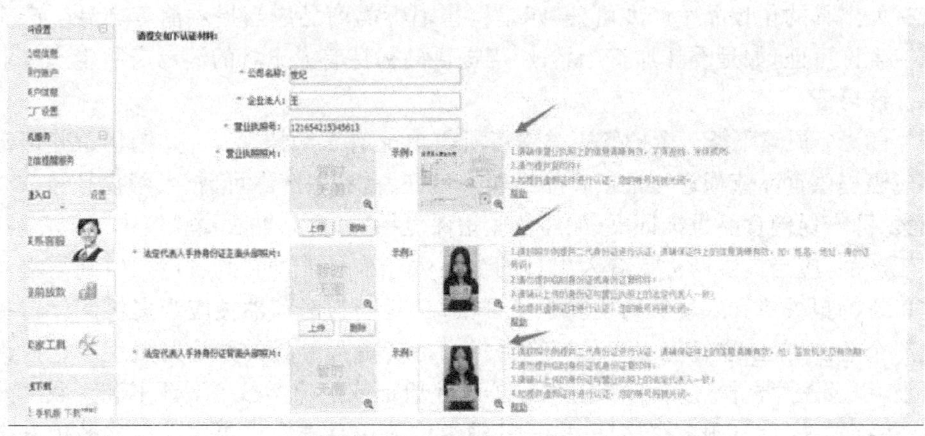

图 1-2-13　上传认证材料界面

四、入驻亚马逊跨境电商平台

(一) 了解卖家资质

卖家入驻亚马逊平台应当具备以下资质或要求：

1. 企业资质

企业资质是指经工商行政管理机构注册许可后获取的“多证合一”营业执照，显示依法登记的企业名称、统一信用代码、经营范围和有效期等信息。

2. 销售资质

销售资质有三种类型：一是销售自有品牌的商品，需提供商标注册证；二是销售进口品牌的商品，需提供进出口货物报关单；三是作为品牌代理商或经销商的商品，需要提供其授权书，外文授权书应当提供中文翻译件。

3. 特殊要求

如果卖家通过亚马逊平台销售以下种类商品，应当按规定要求提供所需要的单证。

(1) 图书类。图书品类销售实施邀请入驻政策，受邀请的卖家应当缴纳保证金，并确认接受承诺函，待审核通过后才能销售。如果销售进口图书，则需要提供出版物经营许可证。

(2) 美容化妆类。美容化妆类销售所需单证有四种情形：一是销售化妆品应当提供化妆品生产许可证，如是委托加工产品，应当提供商标持有人出具的化妆品生产许可证；二是销售特殊化妆品应当提供食药监注册证书，普通化妆品应当提供食药监备案证书，如为进口商品，则需提供进口货物报关单和入境货物检验检疫证书；三是销售洗护类商品应当提供生产许可证，如是委托加工产品，应当提供商标持有人出具的化妆品生产许可证；四是销售消毒类商品应当提供消毒产品生产企业卫生许可证，如是委托加工产品，应当提供商标持有人出具的消毒产品生产企业卫生许可证。

(3) 个护健康类。个护健康类销售所需单证有三种情形：一是销售营养保健品应当提供食品流通许可证或食品经营许可证、食品生产许可证、入网食品经营者档案、国产保健食品批准证书(如经营蓝帽保健品)和食品批次检验报告，如是委托加工产品，应当提供商标持有人出具的食品生产许可证，如为进口商品，则需提供进口货物报关单和入境货物检验检疫证书；二是销售医疗器械应当提供医疗器械生产企业许可证，委托加工产品应当提供商标持有人开具的医疗器械生产企业许可证，以及医疗器械经营许可证、医疗器械注册证或医疗器械备案证书和互联网药品(医疗器械)信息服务资格证书；三是销售成人用品类应当提供医疗器械生产企业许可证，委托加工产品应当提供商标持有人开具的医疗器械生产企业许可证，以及医疗器械经营许可证、医疗器械注册证和互联网药品(医疗器械)信息服务资格证书。

(4) 食品类。食品类销售应当提供食品流通许可证或食品经营许可证、入网食品经营者档案、食品生产许可证,委托加工产品应当提供商标持有人开具的食品生产许可证,如为进口商品,则需提供进口货物报关单和入境货物检验检疫证书。

(5) 酒类。酒类销售应当提供食品流通许可证或食品经营许可证、酒类流通备案登记证明/酒类批发许可证/酒类零售许可证/酒类产销许可证、入网食品经营者档案、食品生产许可证,委托加工产品应当提供商标持有人开具的食品生产许可证,如为进口商品,则需提供进口货物报关单和入境货物检验检疫证书。

(6) 母婴类。母婴类销售所需单证有四种情形:一是销售婴幼儿/儿童推车、安全座椅应当提供国家强制性产品认证;二是销售婴幼儿护肤品应当提供化妆品生产许可证,如是委托加工产品,应当提供商标持有人出具的化妆品生产许可证;三是销售特殊化妆品应当提供食药监注册证书;四是销售普通化妆品应当提供食药监备案证书,如为进口商品,则需提供进口货物报关单和入境货物检验检疫证书。

(7) 玩具类。销售遥控玩具、益智科教玩具、拼插类玩具应当提供国家强制性产品认证,或免认证声明。

(8) 电池和充电器类。电池和充电器类销售所需单证有两种情形:一是销售锂电池应当提供产品 GB31241 检测报告;二是销售充电器应当提供国家强制性产品认证。

(二) 卖家开具普通销售发票

如果买家需要发票,则卖家须及时为买家提供普通销售发票。

(三) 卖家具有全国配送能力

如果卖家选择自主配送模式,则需要具备将商品配送至全国的能力。

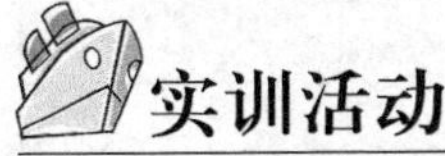

实训活动

一、活动背景

根据自愿组合的原则,由 6 名学生组成一家模拟跨境电商公司——上海三井跨境电商有限公司,分别申请入驻敦煌网跨境电商平台、亚马逊跨境电商平台,获取注册账号。

二、实训资料

“多证合一”营业执照号：310607100212345

用户名：SANGJINGTEL(用户名密码 SJ139179333)

法人代表/联系人：夏青(手机号 13917933388/电子邮箱 DF@sohu.com)

夏青身份证号码：310106199408232816

主营行业：鞋子、帽子

开户银行：中国银行浦东支行(账号 80020032145867)

三、实训要求

上海三井跨境电商有限公司根据上述实训资料完成敦煌网跨境电商平台和亚马逊跨境电商平台入驻实训活动，并制作 PPT 对该操作体验进行汇报。

活动评价

请上海三井跨境电商有限公司全体伙伴根据实训活动情况进行测评，填写下列团队活动测评表。

团队活动测评表

测评内容	评判标准/分值	总　分	自评分
实训操作情况	敦煌网跨境电商平台入驻/ 正确/ 30 分	30	
	错 1 个环节/ 扣 6 分		
	亚马逊跨境电商平台入驻/ 正确/ 30 分	30	
	错 1 个环节/ 扣 6 分		
PPT 专题汇报	PPT 设计制作/ 好/ 10 分	10	
	PPT 设计制作/ 一般/ 6 分		
	PPT 设计制作/ 较差/ 3 分		
	语言表达/ 好/ 10 分	10	
	语言表达/ 一般/ 6 分		
	语言表达/ 较差/ 3 分		
合作完成质量	达到目标/ 好/ 10 分	10	
	达到目标/ 一般/ 6 分		
	达到目标/ 较差/ 3 分		

续表

测评内容	评判标准/分值	总　分	自评分
团队协作精神	协作精神/ 好/ 10 分	10	
	协作精神/ 一般/ 6 分		
	协作精神/ 较差/ 3 分		
计　　分			

指导教师评价表

评价项目	评价内容	评价意见
敦煌网跨境电商平台入驻	1. 操作流程是否正确 2. 填写相关信息是否正确 3. 提交申请材料是否齐全完整	
亚马逊跨境电商平台入驻	1. 操作流程是否正确 2. 填写相关信息是否正确 3. 提交申请材料是否齐全完整	
PPT 汇报效果	1. PPT 设计制作是否美观 2. 文字描述是否精练 3. 语言表达是否流畅 4. 汇报效果是否良好	

实训三　装修第三方跨境电商平台商铺

实训背景

在跨境电子商务经营活动中，跨境电商卖家在注册第三方跨境电子商务平台后获取该平台提供的免费或付费的商铺界面，并根据跨境电子商务公司的市场定位、经营风格、经营范围进行设计，通过商铺载体的视觉功能向跨境电商买家传达销售商品信息、品牌特色和服务理念。

实训目的

通过本单元的实训教学，学生应当了解第三方跨境电子商务平台商铺装修的依据，掌握商铺装修的程序、内容和要求，具备第三方跨境电子商务平台商铺装修的基本能力。

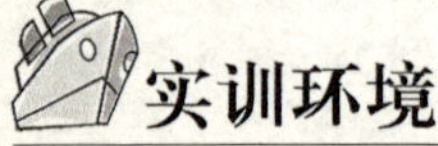

实训环境

本单元实训教学是在跨境电子商务实训室进行模拟操作，放置了上海三井跨境电商有限公司标识，并配置了若干电脑和1台打印机。

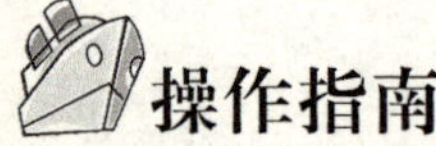

操作指南

一、掌握商铺装修内容

第三方跨境电子商务平台商铺装修的具体内容包括以下两个方面：

（一）基本信息

1. 名称

名称是区别于跨境电子商务平台其他商铺的标志性商号，由卖家根据商铺的经营特色用英文命名。常言说得好,“商名叫响,黄金万两。”名称要突出主题、有个性、容易记,还要符合英语的表达习惯。

2. 标志

标志是综合信息传递的媒介,可以让买家记住公司文化、经营特色和品牌。标志设计的图片大小为 200 KB,尺寸为 100×100 像素。

3. 推广语

推广语是指为提高产品销量和知名度,用英文描述主营产品、热卖产品、服务信息、经营特色和商家类型,将这些信息传递给目标消费者,激发买家的购买欲望并转化为行动而采取的一种措施。推广语字符限 55 个。

4. 介绍

介绍需用英文描述公司实力、业务范围、经营产品,突出主营产品、热销产品和经营特色等内容,适当添加主营类目名称和关键词。有吸引力的介绍,才有助于提升该商铺在搜索引擎中的点击率,提升商铺的曝光率。

(二) 经营信息

1. 公司名称

公司名称是指跨境电商商铺所属的公司,即营业执照中的注册企业。

2. 商业类型

商业类型是指营业执照中关于“类型”的信息,如有限责任公司。

3. 创建时间

创建时间是指营业执照中关于“成立日期”的信息。

4. 注册地址

注册地址是指营业执照中关于“住所”的信息。

5. 公司规模

公司规模根据从业人员数、销售额和资产总额三项指标可划分为“大型”“中型”“小型”“微型”四个档次,应如实填写。

6. 关键词

关键词必须与商铺经营产品相关,最好用买家习惯搜索的商品词,数量为 12 个至 15 个英语关键词为宜,不仅可以使买家快速在商铺中找到欲购产品并进行交易,还可有助于提升商铺的搜索流量。

7. 产品/服务关键词

销售产品或提供服务,可用英文填写 8 项至 10 项关键词,帮助卖家快速定位商家。

8. 横幅

跨境电商横幅是指卖家以横幅的形式向买家宣传热销产品或商铺活动,提高商铺交易转化率。横幅图片设计的大小为 2 000 KB，尺寸为 740×250 像素，链接打开方式可选择“新窗口打开”和“当前窗口打开”两种方式，链接地址只允许填写第三方跨境电子商务平台网址。

二、掌握商铺装修要求

（一）店招设计

店招主要用来展示商铺名称及标记，出现在商铺的首屏，反映着商铺的形象，需要精心设计。中英文商铺名称与商铺标记要有层次感，展示的产品图案要与经营产品相吻合，整体风格要大气、精致，达到对商铺最有效的阐释。

（二）商铺布局

商铺布局要根据海外买家的习惯，合理设计商铺主导航和产品分类导航，直观呈现商铺整体流程导向，能更好地引导买家快速找到欲购产品，让买家有一个良好的用户体验。具体内容介绍如下：

1. 自定义分类

自定义分类模块相当于一个商铺的横向目录，通过点击不同的分类项可以展示不同的页面，加深商铺的浏览深度。正是由于这个模块是可以自定义的，卖家需要精心设计，凸显商铺定位、商品重点推介、特惠活动等，与买家互动，让买家感觉到商铺独具的风格。

2. 左侧分类模块

左侧分类模块主要的作用就是让买家快速搜索到欲购产品，增加搜索关联度。因此左侧分类模块中的类目排列要十分清晰，产品排序要合理，并增加推荐商品、热销商品、特价促销等模块，可以让买家便捷快速地寻找需要浏览的产品。

3. 右侧分类模块

右侧分类模块是商铺的首屏黄金位置，通过图片、BANNER 等形式宣传商铺开展的各项商业活动、热销款、主打商品来吸引买家，促进商铺的流量增加。

（三）商铺色彩搭配

人的第一感觉就是视觉，而色彩是视觉表达的重要手段，是设计师表达自己对产品的语言，能有效吸引买家的眼球。有 85%的消费者认为色彩是决定购买商品的首要因素，有 52%的消费者称不会浏览缺乏美感的电商平台。

1. 色彩系的类型

跨境电商平台商铺的买家都是海外用户，商铺装修色彩的搭配，不仅要了解不同色系所表达的情感、气氛和寓意，还要符合买家的喜好。色彩系可分为八种：一是红色系，是一种强有力、喜庆的色彩，具有刺激效果，容易使人产生一种热情、活力的感觉；二是橙色系，会给人一种朝气活泼与健康的感觉，象征着爱情和幸福，会刺激人的情感；三是黄色系，是一种明亮且给人甜蜜幸福感觉的颜色，多用来表现喜庆的气氛和富饶的景色，具有明朗愉快的效果；四是绿色系，给人一种自然的、与健康相关的感觉，常用于与健康、教育、食品相关的网店；五是蓝色系，能传递给人一种清澈、宁静的感觉；六是紫色系，能传递给人一种神秘和尊贵高尚的感觉，通常用于以女性和艺术作品为主的网店；七是黑色系，是一种永远的流行色，能传递给人一种高贵、稳重、神秘、科技的意象，通常用于电器、3C等产品的网店；八是白色系，能传递给人一种明亮、洁净、高级的感觉，通常用于女性服饰、卫生洁具网站。

2. 色彩产生的感觉

色彩产生的感觉主要分为三个部分：一是冷暖感，红色、橙色、黄色为暖色系，会产生暖和的感觉，蓝色、蓝绿色、蓝紫色为冷色系，会让人产生寒冷的感觉；二是轻重感，暗色给人以重的感觉，明色给人以轻的感觉，如白色轻、黑色重；三是远近感，色彩纯度高的往前进，纯度低的往后退，可以形成色彩的层次（见图1-3-1）。

图1-3-1 冷暖感、轻重感、远近感三种色彩感觉

3. 组合色彩产生的感觉

不同的组合色彩会产生不同的感觉：暖色与暖色产生温暖感；寒色与寒色产生清凉感；高明度与同类色的组合产生轻快感；低明度与同类色的组合产生稳重感；白与青绿等配色产生理性感；黄与明绿等配色产生活泼感；灰色与鲜艳色彩（纯色）的组合产生摩登感；白与粉红等配色产生年轻感；绿与橙等配色产生平凡感；茶与蓝等配色产生沉着感等。

4. 色彩搭配的类型

色彩搭配主要有以下四种类型：

（1）同类色相配。同类色相配是指深浅、明暗不同的两种同一类颜色相配，如天蓝色配青色，墨绿色配浅绿色，咖啡色配米色，深红色配浅红色等，有柔和文雅的效果(见图 1-3-2)。

图 1-3-2 天蓝色与青色搭配

(2) 似色相配。似色相配是指两个比较接近的颜色相配,如蓝色、蓝紫色、蓝绿色相配,黄绿色、黄色、橘黄色相配,红色、橙红色、紫红色相配,紫色、橙色、灰色相配(见图 1-3-3)。

图 1-3-3 紫色、橙色、灰色搭配

(3) 异色配合。异色配合是指两个相隔较远的颜色相配,如红色与青绿色、紫色与黄色、黑色与灰白色,具有一种经典奢华的感觉(见图 1-3-4)。

(4) 补色配合。补色配合是指两个相对颜色的配合,如蓝色和橙色、红色和绿色、青色和橙色、紫色和黄色等,有一种震撼的视觉效果(见图 1-3-5)。

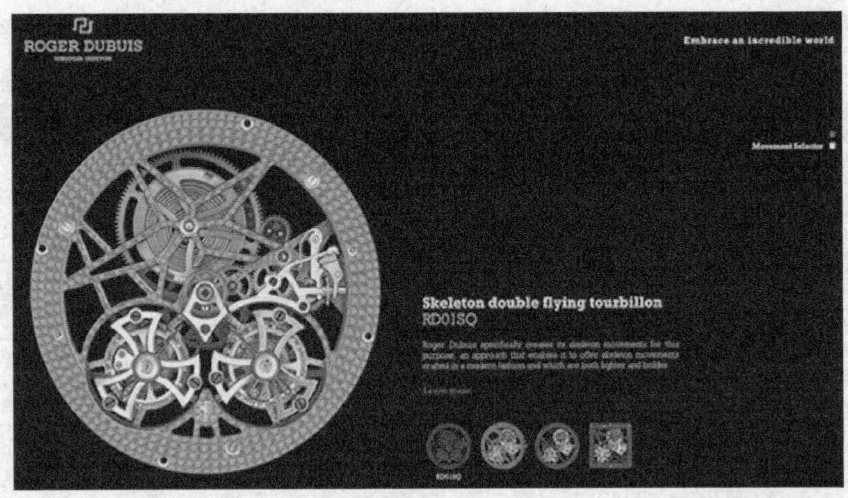

图 1-3-4　黑色与灰白色搭配

图 1-3-5　紫色与黄色搭配

5. 色彩搭配的应用

(1) 促销情景多用暖色系。在商铺装修中,多数卖家会采用暖色系用于促销、新品推广等活动,其中红色使用频率最高。高亮度的红色与黑色搭配,对人的刺激性强,容易引起人们的注意,使人兴奋、激动,产生购买欲望(见图 1-3-6)。

(2) 休闲舒适情景多用冷色系。冷色系的代表便是蓝色,能够使人产生一种恬静、放松的感觉。一提起蓝色,人们常会与蔚蓝的天空、湛蓝的大海联系在一起,而应用于男性用品,常会作为一种基本的色调,以代表一种休闲舒适氛围(见图 1-3-7)。

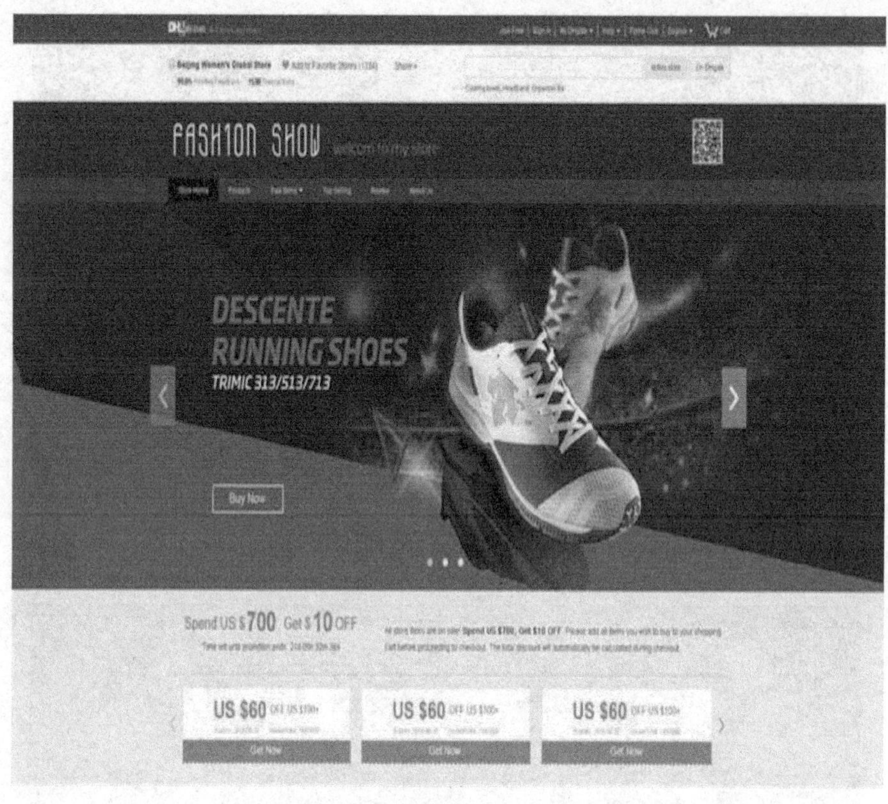

图 1-3-6　促销商品页面色彩搭配

图 1-3-7　休闲生活页面色彩搭配

三、选择商铺装修模板

实际上在商铺装修时，第三方跨境电子商务平台为了卖家能快速地对其进行装修，会根据不同用户的需求，免费提供默认的模板和收取费用的增值模块，由卖家根据需要自行选择，装修图片的尺寸与大小需根据平台的要求来设定。

（一）选择默认模板

如敦煌网跨境电子商务平台为用户免费提供了一套默认的模板。卖家登录敦煌网跨境电商平台卖家后台时，在“装修”界面的“布局”栏中会呈现五个模块，其中前两个模板是默认的，可以点击“预览”按钮进行预览，看是否符合自己商铺的风格。下面以第一个模板为例，如图 1-3-8 所示。

图 1-3-8　默认模板界面

(二) 选择增值模板

敦煌网跨境电子商务平台除为卖家用户提供了三种不同风格的模板外,还会定期推出新的增值模板,能带来买家流量,提升交易额,故将其称为增值模板。卖家可以通过付费购买增值模板,弥补在设计方面能力的不足。在"装修"界面的"布局栏"中有五种模板,其中后三种是增值模板。

1. 增值模板 A 架构

增值模板 A 架构界面,如图 1-3-9 所示:

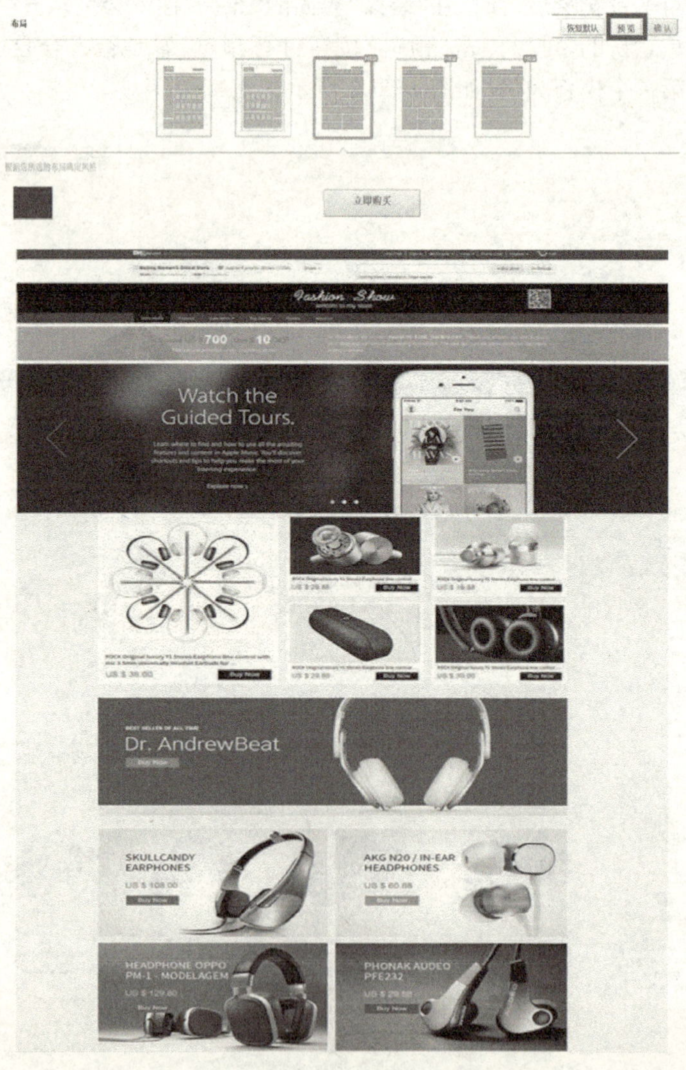

图 1-3-9　增值模板 A 界面

2. 增值模板 B 架构

增值模板 B 架构界面如图 1-3-10 所示：

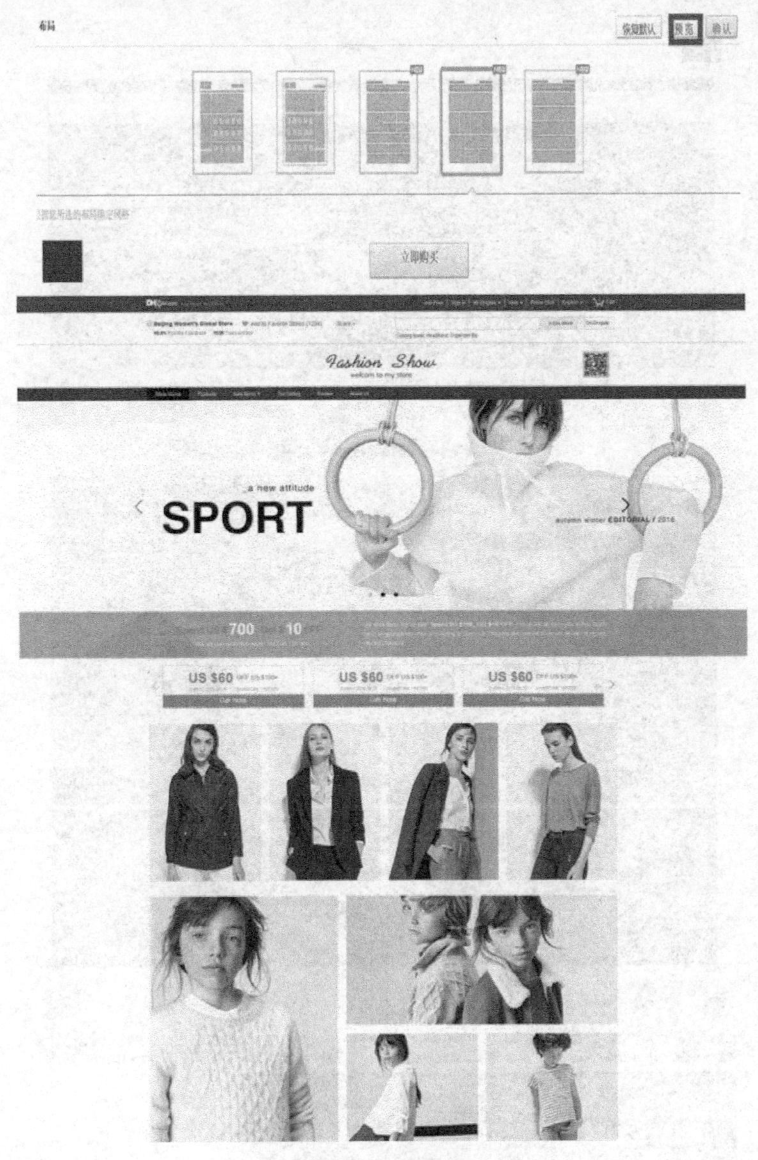

图 1-3-10　增值模板 B 界面

3. 增值模板 C 架构

增值模板 C 架构界面如图 1-3-11 所示：

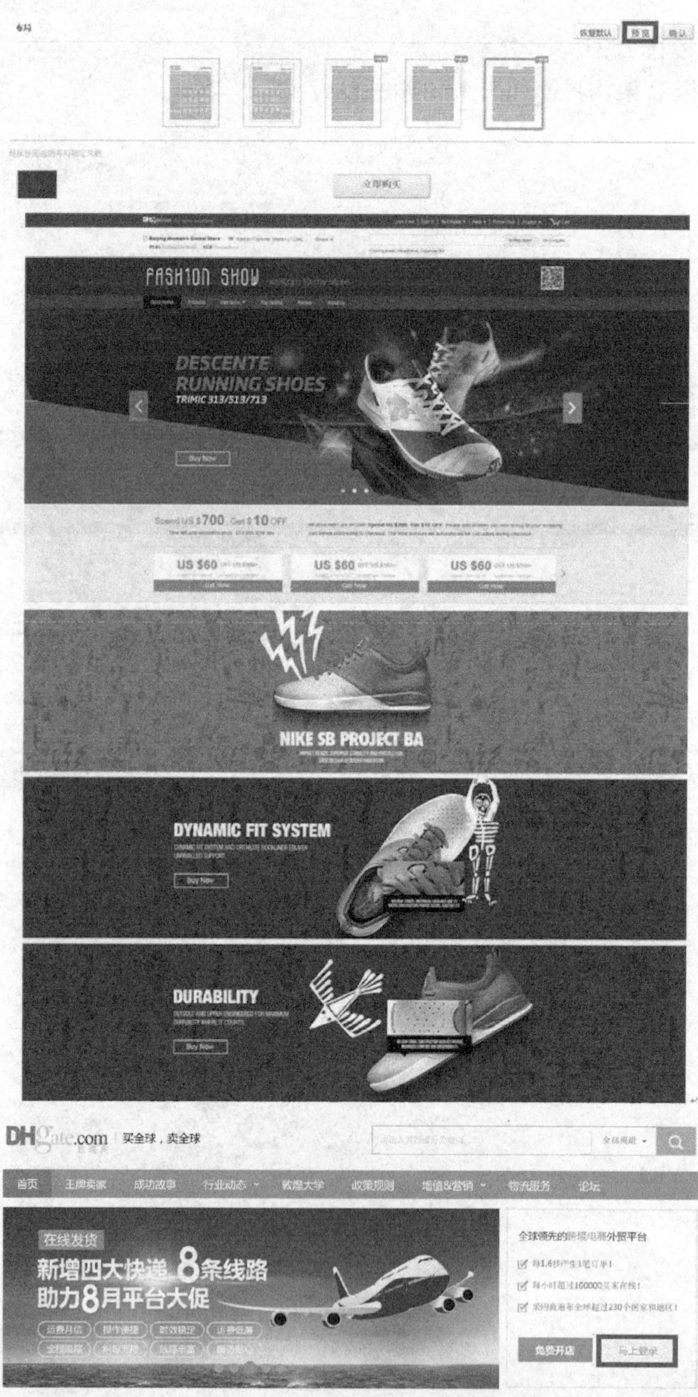

图 1-3-11　增值模板 C 界面

四、掌握商铺装修流程

(一) 登录信息界面

以上海立达跨境电子商务有限公司为例，首先输入敦煌网的网址，进入敦煌网界面，点击“马上登录”按钮(见图 1-3-12)进入敦煌网平台卖家后台界面。然后在“用户名”输入框内输入用户名“shanghailiming”，在“密码”输入框内输入密码“12345678”，点击“立即登录”按钮(见图 1-3-13)，进入“信息”界面。

图 1-3-12 “马上登录”按钮界面

图 1-3-13 “立即登录”按钮界面

(二) 输入基本信息

在基本信息界面中输入以下相关信息(见图 1-3-14)：

(1) 首先在“名称”输入框内输入名称“shanghailiming”，然后设计标志，制作店招，并将图片上传。

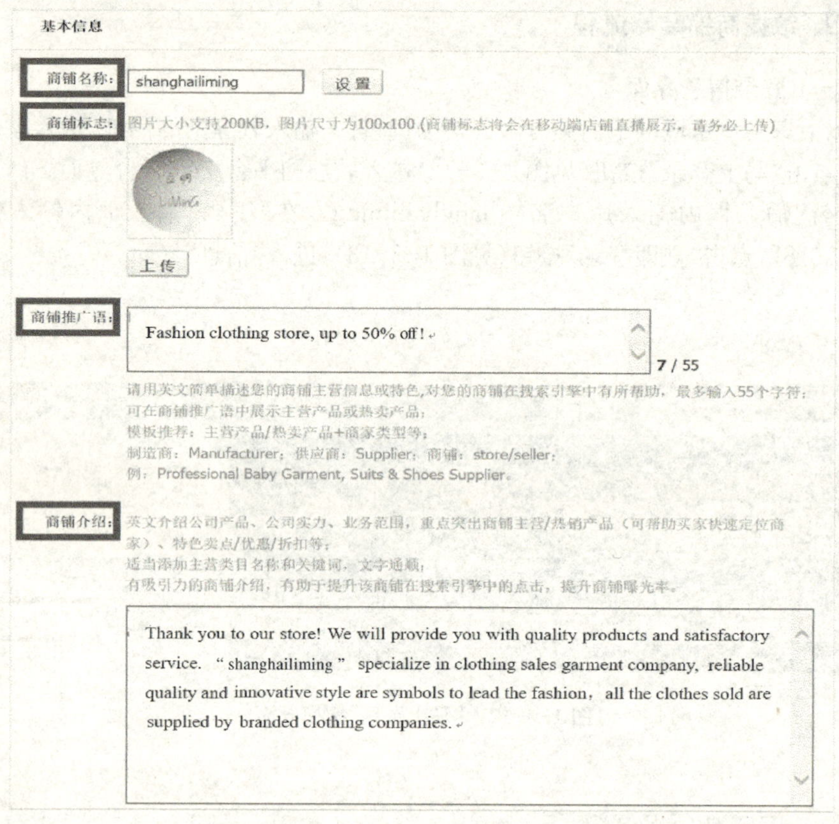

图 1-3-14 “基本信息”界面

(2) 在“推广语”输入框内输入:“Fashion clothing store, up to 50% off!”①

(3) 在“介绍”输入框内输入:“Thank you to our store! We will provide you with quality products and satisfactory service. ‘shanghailiming’ specialize in clothing sales garment company, reliable quality and innovative style are symbols to lead the fashion, all the clothes sold are supplied by branded clothing companies.”②

(三) 输入经营信息

在经营信息界面中输入七个方面的相关信息：在“公司名称”输入框内输入

① 译为时尚潮流服饰店,可享受高达50%的折扣!

② 译为感谢您能进入我们的商铺！我们将为您提供优质的产品与满意的服务。“shanghailiming”是专门从事服装销售的服装公司,可靠的品质、可贵的款式,引领了时尚的新潮流,所售衣服均由品牌服装公司提供。

"上海立达跨境电子商务有限公司";在"商业类型"输入框内输入"股份有限公司";在"创建时间"选择框内依次选择"2021 年""09 月""01 日";在"注册地址"输入框内输入"上海市黄浦区人民路 1 号";在"公司规模"输入框内输入"微型";在"商品关键词"输入框内输入"服装(costume)、春季服装(spring dress)、夏季服装(summer clothes)、秋季服装(autumn clothes)、冬季服装(winter clothing)、女式服装(women's wear)、男士服装(men's clothing)、衬衫(shirt)、风衣(wind coat)、裙子(skirt)、T 恤(T-shirt)、短裤(shorts)、羊毛衫(woolen sweater)、套裙(slip)、西服(suit)、羽绒服(down jacket)、大衣(overcoat)、皮衣(fur coat)、时尚(fashion)、潮流(tide)、热卖(hot sale)";在"产品/服务关键词"输入框内输入"衬衫(shirt)、风衣(wind coat)、裙子(skirt)、T 恤(T-shirt)、短裤(shorts)、羊毛衫(woolen sweater)、套裙(slip)、西服(suit)、羽绒服(down jacket)、大衣(overcoat)"(见图 1-3-15)。

经营信息

公司名称: 上海立达跨境电子商务有限公司

商业类型: 股份有限公司

创建时间: 2021年 09月 01日

注册地址: 上海市黄浦区人民路1号

公司规模: 微型

商铺关键词: 关键词必须和商铺内产品相关,可使买家快速在商铺找到产品进行购买;
推荐填写12—15个关键词,越多关键词越有助于提升商铺收录量和搜索流量;
填写买家习惯搜索的商品词,点击关键词可直达商铺下搜索"关键词"的产品列表页。

costume | spring dress | summer clothes
autumn clothes 删除 | winter clothing 删除 | women's wear 删除
men's clothing 删除 | shirt 删除 | wind coat 删除
skirt 删除 | T-shirt 删除 | shorts 删除

添加更多关键词

产品/服务关键词: 填写所销售的产品或提供的服务,最多可添加10项;
详细的产品/服务信息可提升商铺专业度;
推荐填写8—10项产品/服务信息,帮助买家快速定位商家。

shirt | winter clothin | skirt
wind coat 删除 | T-shirt 删除 | shorts 删除
woolen sweater 删除 | down jacket 删除 | overcoat 删除

添加更多关键词

图 1-3-15 "经营信息"界面

(四) 制作横幅

根据敦煌网第三方跨境电子商务平台要求的图片尺寸设计并制作横幅，其主要用于新品上市、老产品促销、日常促销等推广活动。横幅制作完成后，在经营信息界面中的“商品横幅”输入框内输入网址“http：//www.dhgate.com/store/sale-items/time-limit/20258255.html”，将所设横幅进行上传，并点击“保存并提交审核”按钮(见图 1-3-16)。

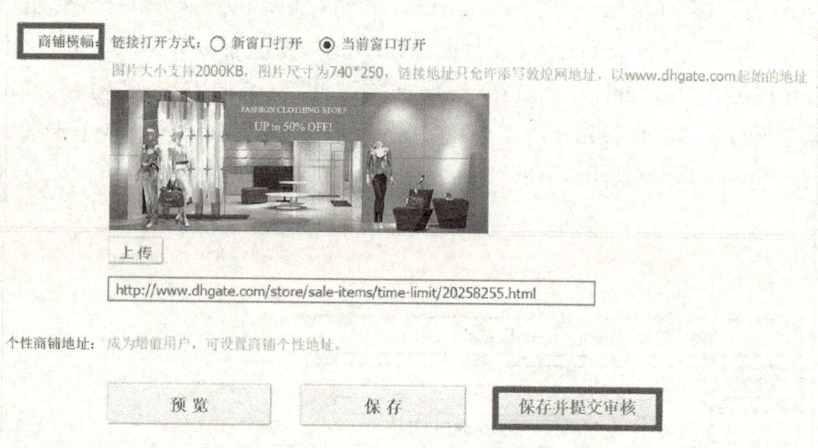

图 1-3-16 “保存并提交审核”按钮界面

(五) 浏览装修

在“装修”界面的“布局”栏中，点击“预览”按钮，呈现已装修的界面(见图 1-3-17)。

图 1-3-17 商铺装修浏览界面

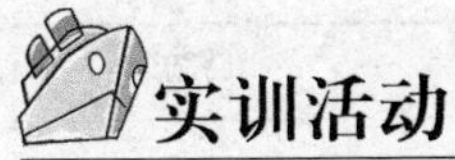

实训活动

一、活动背景

根据自愿组合的原则，由 6 名学生组成一家模拟跨境电商公司——上海三井跨境电商有限公司，登录敦煌网跨境电商平台进行商铺装修。

二、实训资料

创建时间：根据实际情况输入
商业类型：有限责任公司
公司规模：微型
网站用户名：SANGJINGTEL
用户名密码：SJ139179333
主营行业：鞋子、帽子
商品关键词：篮球鞋、足球鞋、板鞋、高跟鞋、靴子、皮鞋、休闲鞋、帆布鞋、凉鞋、平底鞋、坡跟鞋；太阳帽、贝雷帽、大檐帽、草帽
商铺标志：结合公司经营理念与产品进行设计
商铺横幅：结合公司经营理念与产品特色进行设计
商铺推广：结合公司经营理念与产品特色自拟
商铺介绍：结合公司经营理念、特色、品牌产品等情况自拟
产品/服务关键词：结合公司经营理念、产品特色等情况自拟

三、实训要求

上海三井跨境电商有限公司根据上述实训资料完成敦煌网跨境电商平台装修实训活动，并制作 PPT 对该操作体验进行汇报。

活动评价

请上海三井跨境电商有限公司全体伙伴根据实训活动情况进行测评，填写下列团队活动测评表。

团队活动测评表

测评内容	评判标准/分值	总　分	自评分
实训操作情况	输入基本信息/ 正确/ 30 分	30	
	错 1 个/ 扣 2 分		
	输入经营信息/ 正确/ 30 分	30	
	错 1 个/ 扣 2 分		
PPT 专题汇报	PPT 设计制作/ 好/ 10 分	10	
	PPT 设计制作/ 一般/ 6 分		
	PPT 设计制作/ 较差/ 3 分		
	语言表达/ 好/ 10 分	10	
	语言表达/ 一般/ 6 分		
	语言表达/ 较差/ 3 分		
合作完成质量	达到目标/ 好/ 10 分	10	
	达到目标/ 一般/ 6 分		
	达到目标/ 较差/ 3 分		
团队协作精神	协作精神/ 好/ 10 分	10	
	协作精神/ 一般/ 6 分		
	协作精神/ 较差/ 3 分		
计　分			

指导教师评价表

评价项目	评价内容	评价意见
商铺基本信息输入	1. 输入信息文字是否正确 2. 输入信息是否正确 3. 输入信息是否齐全完整	
商铺经营信息输入	1. 输入信息文字是否正确 2. 输入信息是否正确 3. 输入信息是否齐全完整	
PPT 汇报效果	1. PPT 设计制作是否美观 2. 文字描述是否精练 3. 语言表达是否流畅 4. 汇报效果是否良好	

实训四　开展跨境电商店铺运营

实训背景

在跨境电子商务经营活动中，从事跨境电商交易的卖家在第三方跨境电子商务平台完成店铺装修后，应当根据跨境电子商务公司的市场定位、经营风格、经营范围设计商品详情页，通过图片、文字等形式向跨境电商买家传达销售商品信息、品牌特色和服务理念。简单明了、清晰美观的商品详情页，能吸引跨境电商买家的眼球，提升店铺的流量，提高交易成功概率。

实训目的

通过本单元的实训教学，学生应当了解商品图片编辑和上传方法及其要求，掌握产品基本信息、产品销售信息、产品内容描述、产品包装信息、运费模板、售后服务模板填写或设置的要求，具备第三方跨境电子商务平台商品上传及营销的基本能力。

实训环境

本单元实训教学是在跨境电子商务实训室进行模拟操作，放置了上海三井跨境电商有限公司标识，并配置了若干电脑和1台打印机。

操作指南

一、了解商品发布相关规则

第三方跨境电子商务平台为更好地提升卖家服务质量，建立公平、诚信、透明的运营环境，都会对注册的卖家制定商品发布规则。

(一) 注册卖家商品发布规则

注册卖家应当按照第三方跨境电商平台商品发布基本规则进行操作,出现违规现象将受到第三方跨境电商平台的处罚。商品发布基本规则的内容有以下 13 个方面:

1. 谨慎使用第三方搬家工具上传商品

注册卖家应当通过第三方跨境电商平台提供的相关工具或 API 接口上传商品。

2. 选择一个商品适合销售的发布类目

注册卖家应当将商品发布在正确的类目中。

3. 避免发布重复商品

注册卖家应当从商品名称、价格、图片、简短描述、详细描述和商品特征等方面来展示商品之间的差异性,禁止发布重复商品。

4. 确保商品名称与简短描述准确性

商品名称包含商品关键词和特色服务两个方面。商品名称和简短描述需要注意 7 个方面的事项:一是文字信息尽量避免缩写;二是禁止出现店铺信息,如电话、地址及电子邮件地址等;三是禁止使用"top rated seller"等误导信息;四是禁止为吸引访问对商品进行虚假描述;五是禁止使用不清晰的名称或者简短描述;六是禁止在商品名称及简短描述中堆砌关键词;七是禁止在商品简短描述中使用比较词。注册卖家应当根据上述要求进行操作,确保商品名称与简短描述的准确性。

5. 符合商品图片上传要求

注册卖家上传的商品图片为 8 张,文件格式为 JPG,不得包含店铺信息及抄袭或使用他人图片,禁止使用与商品信息不符的图片。

6. 保证商品信息齐全

商品详细描述信息应包括商品实物图片、商品特点与使用说明、商品包装信息、商品付款方式、物流方式和服务承诺等内容。注册卖家在商品详细描述信息中不得出现不一致或相关信息之间自相矛盾的内容,不得出现联系方式或未经许可嵌入视频或视频链接。

7. 准确填写商品属性信息

注册卖家应当准确填写商品品牌属性和商品基本属性。品牌属性是指代表商品品牌的信息;商品基本属性是指能够表明商品差异性的集合。

8. 准确填写备货信息

注册卖家发布商品时应当填写备货状态、备货数量、备货所属地等备货信息,如果卖家不按备货期发货,导致成交后不卖,则将受到第三方跨境电商平台处罚。

9. 准确填写商品包装信息

注册卖家应准确填写销售商品计量单位、商品包装后重量、商品包装后尺寸等包装信息。

10. 商品价格

注册卖家应合理设定商品价格及购买数量区间，设定的价格不得与实际成本偏离过大。

11. 合理设定运费模板

注册卖家应当合理设定运费模板，按照买家选择的物流方式发货。

12. 禁止更换商品

合理设定运费模板，不得将有销售记录的商品改为与原商品不同的其他商品。

13. 禁止上传与实际销售商品不符的行为

禁止买卖双方未按照上传的商品或订单中约定的商品进行交易，私下沟通更换交易商品种类，进行套利、销售非法商品等现象。

(二) 注册卖家禁止乱放商品目录规则

乱放商品目录有两种现象：一是商品发布类目错误，是指实际商品与发布类目的基本特性不一致，发布类目基本特性是指发布类目下的商品所共有的功能、特征的集合；二是 Other 类目错误，Other 类目是指商品功能、特征等不能完全符合平台既有类目的商品发布类目。

(三) 注册卖家禁售、限售商品规则

第三方跨境电子商务平台根据卖家与买家所在国家的相关法律法规的规定，制定卖家禁止或限制商品销售的规则。其主要内容如下：

1. 禁止销售的商品

注册卖家禁止销售国家法律法规禁止销售，买家所在国家的法律规定禁止销售，或根据第三方跨境电子商务平台要求禁止销售的商品。具体禁售的商品目录有 14 个方面：一是毒品、麻醉品、制毒原料、制毒化学品、致瘾性药物，贩毒品的工具、书籍和吸毒工具及配件；二是枪支武器，包括枪支、枪支配件、仿真枪、消音器、枪托、枪瞄仪、防弹防刺背心等；三是处方药、非处方药、中草药、医疗器械、制药设备等；四是祛斑、防晒、美白、祛皱、消炎等有治愈治疗效果的化妆品和育发、染发、烫发类商品以及脱毛、美乳、健美、除臭类商品；五是管制刀具、弓弩和开锁器；六是易燃易爆物品、化学品和点火器及配件；七是含有露骨情色、淫秽或暴力内容的商品和宣传血腥、暴力及不文明用语；八是 POS 机、读卡刷卡器、信用卡/银行卡信息、制卡机设备；九是窃听专用器材、芯片解码器、信号干扰器、升级存储设备、大功率激光笔；十是反动、破坏国家统一、泄露国家机密的商品和宣传邪教思想及种族歧视的商品；十一是政府机构颁发的文件、证书、公章、勋章和用于伪造、变造相关文件的工具；十二是在线赌博信息、赌博机器；十三是警棍、警用手电筒、警用制服等;十四是食品及食品添加剂。

2. 限制销售的商品

限制销售的商品是指需要取得商品销售的前置审批、凭证经营或授权经营等许可证明,才可以发布的商品。注册卖家应当将已取得的合法许可证明提前提交至第三方跨境电子商务平台进行审核,审核通过后方可发布。具体限制销售的商品目录有两个方面:一是提供医疗器械经营许可证书或医疗器械生产许可证、第三方检测机构认证书等证明的医疗器械;二是提供食品经营许可证书或食品生产许可证、第三方检测机构认证书等证明的茶叶类商品。

(四) 注册卖家禁止销售侵权商品规则

销售侵权商品有三种情形:一是侵犯专利权,是指以营利为目的,没有得到专利权人的许可,实施其专利的行为,如假冒他人专利等;二是侵犯商标权,是指以营利为目的,未经权利人许可,侵犯他人注册商标专用权的行为,如未经注册商标所有人的许可,使用其注册商标、销售假冒注册商标的商品等;三是侵犯著作权,是指以营利为目的,未经著作权人许可,侵犯他人的著作权。注册卖家如果销售侵权商品,将受到相关法律的惩罚。

二、熟悉商品图片上传

(一) 拍摄商品

1. 拍摄商品设备

(1) 三脚架。三脚架是指固定照相机并通过脚架伸缩高低达到某些摄影效果的设备(见图 1-4-1)。跨境电子商务平台店铺的商品图片大多采用微距镜头拍摄,极可能因手部的抖动导致商品图片虚化模糊,而三脚架则能起到稳定机身的作用,保证商品图片摄制的质量。

(2) 快门线。快门线是指控制快门的遥控线(见图 1-4-2)。快门线常用于远距离控制拍照、曝光、连拍、近距离自拍,能有效地防止摄影师因触碰相机引起其晃动,从而破坏画面的完整性。

(3) 测光表。测光表是指用于确定摄影曝光时间和测量光线强度的仪器(见图 1-4-3)。为了使商品图片拍摄具有特殊效果,可以通过测光表确定曝光时间,手动调整光圈,可以达到商品拍摄的效果。测光表有两种方式:一是入射式测光表,在室内环境中,无论是自然光还是人造光源,都应该将测光表置于被摄物体位置,朝相机方向测光。在室外自然光环境下,应放在拍摄机位上面对被摄物体方向进行测光;二是反射式测光表,用来测量被摄物体受到光照后反射光的强弱,应放在拍摄的机位上面向被摄物体进行测光。

图 1-4-1　三脚架

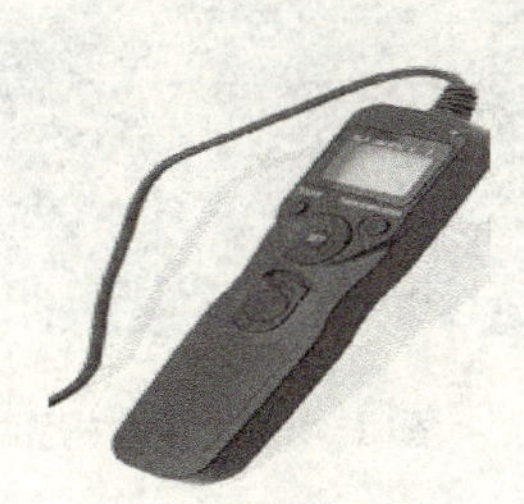

图 1-4-2　快门线

图 1-4-3　测光表

(4) 标准罩。标准罩是闪光灯的一个附件，将四射的光线集中并以一定范围发散出去，照明充沛，反差强烈，有一定方向性效果，能够使图片效果的层次感表现得很好(见图 1-4-4)。

(5) 柔光罩。柔光罩是对强烈光线起到柔化作用的闪光灯附件(见图 1-4-5)。柔光罩通常分反射式柔光罩、直射式柔光罩、扩散式柔光罩三种形式，形状有方罩、长方形罩、八角罩等。

(6) 反光板。反光板是用锡箔纸、白布等材料制成的，用于辅助照明作用的工具(见图 1-4-6)。在商品拍摄的过程中，将反光板放置在与光源相对的位置上，光线可以通过反光板反射到被摄物体上，从而补足暗部光线，平衡明暗反差，使得被摄物体具有良好的影像质感，还可折射部分光线，突出细节部分。常见的反光板有白色反光板、银色反光板、金色反光板、黑色反光板，其中银色反光板是最常用的。

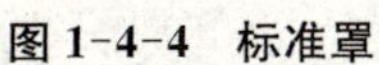

图 1-4-4　标准罩

图 1-4-5　柔光罩

图 1-4-6　反光板

2. 拍摄商品构图

(1) 黄金构图。黄金构图又称为九宫格构图，用四条线将画面分成 9 个等分的方块，线与线交汇的四个点为黄金分割点，是被摄影主体所处的位置(见图 1-4-7)。黄金分割具有严格的比例性、艺术性、和谐性，蕴藏着丰富的美学价值，将拍摄的主体放置在线的交点或直线上，这样比较符合人类的视觉习惯，拍摄时可直接调出相机的“井”字辅助线，这样画面立刻就活了起来，最容易引起买家的视觉美感。

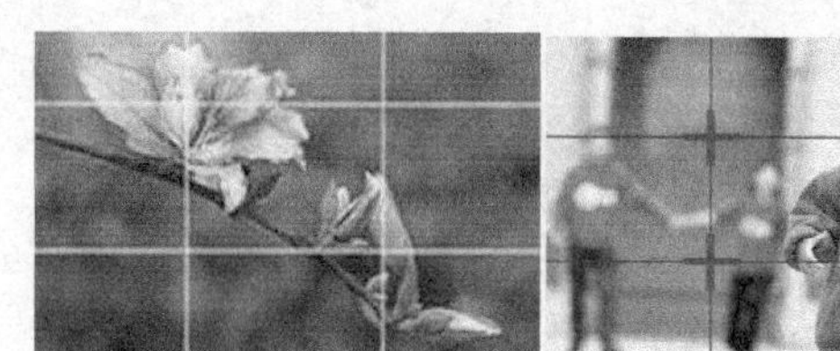

图 1-4-7　黄金构图

(2) 对角线构图。对角线构图是指物体在画幅中两对角的连线，近似于对角线。将商品主体放在对角线上，会产生一种透视感，可以增加画面的纵深感(见图 1-4-8)。在拍摄运动型商品时，通过对角线构图可以让被摄物体产生运动感和一定的高度。

图 1-4-8　对角线构图

(3) 中央构图。中央构图又称两分法构图，是指将被摄主体放置在画面中间，不受画面尺寸限制，突出主题的构图方法(见图 1-4-9)。中央构图适合特写拍摄，选择小景深，通过长焦镜头将 3∶2 界面变为 1∶1 界面，减少两侧的空间，可以使被摄主体从背景中跳出。

图 1-4-9　中央构图

(4) 三角形构图。三角形构图是以三个视觉中心为景物的主要位置,用三点成面几何图形安排景物,形成一个稳定的正三角或斜三角或倒三角的构图方法(见图 1-4-10)。

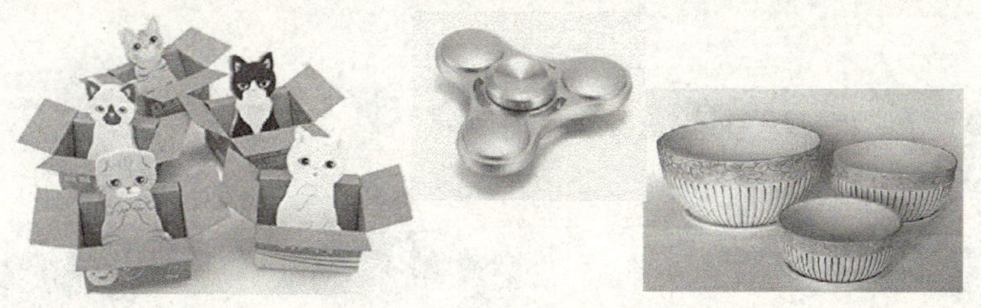

图 1-4-10　三角形构图

(5) 垂直线构图。垂直线构图是利用画面中垂直于上下画框的直线线条元素构建画面的构图方法(见图 1-4-11)。为了强化构图效果,可以尽量尝试选择一些重复的垂直线元素呈现在画面当中。

图 1-4-11　垂直线构图

(6) 散点式构图。散点式构图是将一定数量的被摄商品重复散布在画面上的构图方法(见图 1-4-12)。在使用这种构图方法时,可以让外形相同的景物在画面中重复出现,创造出一种节奏感和气势。此外,还可通过散点分布的被摄体与简洁背景之间的繁简对比,进一步增强画面的视觉张力。

图 1-4-12　散点式构图

(7) 对称式构图。对称式构图是一种利用景物的对称关系构建画面的构图方法(见图 1-4-13)。采用对称式构图拍照时,既可以拍摄具有对称结构的景物,还可以借助玻璃、水面等物体的反光、倒影来实现对称效果。

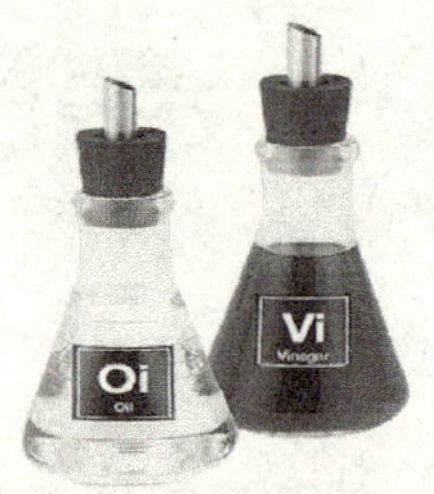

图 1-4-13　对称式构图

3. 商品拍摄布光

即使相同商品的拍摄,在不同的光线条件下也会有所差异。为了拍摄出清晰美观的商品图片,就要了解光线的类型及位置,结合商品的材质、颜色、结构等对商品进行合理的布光。

(1) 光线的类型与位置。光线分为三大类:一是自然光,是指太阳光等;二是人造光,是指摄影师为了达到创作意图而设置的人造光源,如布光灯和闪光灯等;三是混合光,是指自然光与人造光交互使用的形式。

光线位置分为七种(见图 1-4-14):一是顺光,是指光线投射方向和拍摄方向一致的光线。在顺光环境下的被摄主体面向镜头的一面被照亮,受光面不会产生阴影,主体色彩以及形态等细节特征都可以得到很好的表现;二是逆光,是指从被摄主体后面正对镜头照射来的光线。在逆光环境下,被摄主体容易出现曝光不足,要想表现主体表面的颜色等细节特征,应避免逆光拍摄;三是顶光,是指从被摄主体的顶部向被摄主体照射的光线,与相机维持在 90°左右的垂直角度;四是侧光,是指来自被摄主体左侧或是右侧的光线,其照射方向与相机的拍摄方向成约 90°的角度;五是前侧光,是指来自主体左侧或右侧的光线照射方向与相机的拍摄方向形成 45°的水平角度;六是侧逆光,是指从被摄主体的背面射过来的光线,与相机拍摄方向形成 120°～150°的角度;七是底光,是指从被摄主体下方向被摄主体照射的光线。

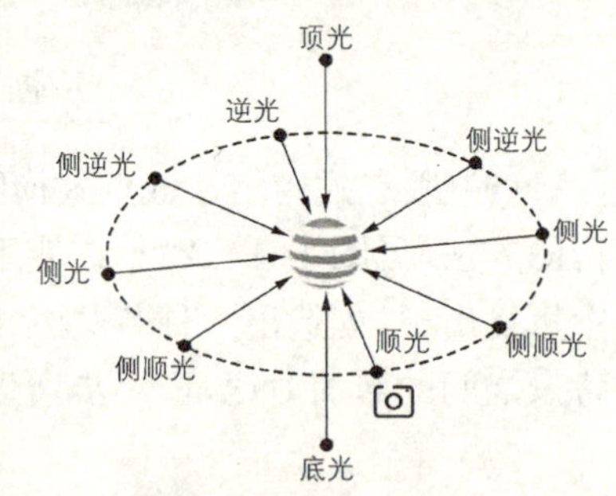

图 1-4-14　光线位置

(2) 布光。根据不同商品的质感对光线不同的反应程度对布光进行区分,可分为三种:一是吸光体布光,吸光体商品主要包括毛皮、衣服、布料、食品、水果、粗陶、橡胶、亚光塑料等,其表面不光滑,对光的反射比较稳定,为了再现吸光体表面的层次质感,布光的灯位要以侧光、顺光、侧顺光为主,而且光比较小,这样层次和色彩可以表现得都更加丰富。二是反光体布光,反光体涉及银器、不锈钢器皿、电镀制品、金属银餐具、极亮的油漆表面、抛光的塑料、深色酒瓶等商品,在直射光的照射下容易把周围的环境映射出来,破坏画面的整体感。拍摄这些商品可使用隔离罩,用白色的纤维布或半透明的描图纸把被摄体整体包围起来,然后在罩外用闪光灯作均匀布光,镜头通过箱外小孔伸入进行拍摄(见图 1-4-15)。三是透明体布光,透明体主要是玻璃、水晶、塑料等器皿。该商品拍摄布光宜采用透射光照明,透射光的光位处于逆光位置,与镜头方向成对角,并在光源前方放置半透明的磨砂板、乳白色有机板或描图纸等。

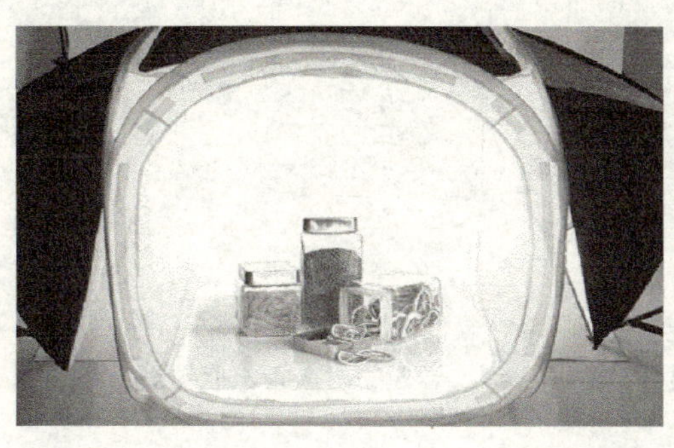

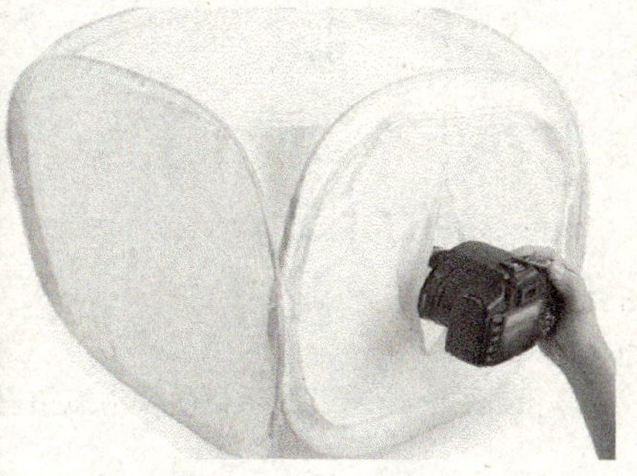

图 1-4-15　反光体布光拍摄

4. 拍摄商品

(1) 拍摄商品的基本要求。跨境电子商务销售商品的拍摄基本概念要求有五个方面:一是尽量使用自然光;二是最好正反两个光线是在商品的斜对角方向,而不是正面和反面;三是背景应该简单,从而突出物品;四是考虑拍摄某些细节和多角度,如正面、背面、侧面、顶部的特写,以便买家可以看到商品详细的实际情况;五是商品配件、包装、赠品等信息也需要在图片中体现出来,让买家通过图片直观获知,增加吸引力。

(2) 服装类商品的拍摄要求。在拍摄前首先要对服装进行熨烫,确定服装的质地,并按照衣服颜色的深浅以及粗棉、细棉、毛呢、丝和混纺等类别进行区分。在拍摄深色棉质衣服时,需要适当增加曝光量;在拍摄浅色衣服时,需适当减少曝光量。当拍摄的毛衣类商品有大量纹理且纺织密度高时,需要用硬光来塑造衣服的立体感与质感；当拍摄丝质面料的衣物时，则可用柔光呈现衣服的光滑细腻的质感。

(3) 香水类商品的拍摄要求。大部分香水瓶都采用透明材质，拍摄香水时一般采用直光照明和白色背景，或根据香水瓶的大小在其后竖起一小块白色反光板，将光线反射穿过香水瓶，还可以在底部放置一盏底灯进行拍摄，能使香水瓶呈现出晶莹剔透的质感，提升图片美感，吸引买家眼球(见图 1-4-16)。如果拍摄的商品是半透明的香水瓶，就可设置浅色色彩背景，采用间接的照明，充分利用光的反射，避免直接光线所产生的映射物，破坏画面的整体感。具体的操作方法是：首先根据香水瓶的大小在其后竖起一块相宜色彩板作为背景；然后将闪光灯放置在被摄制物的香水瓶两侧，使用柔光箱，并以柔和的光线投射，避免映射物的出现；最后采用黄金构图，并进行拍摄(见图 1-4-17)。

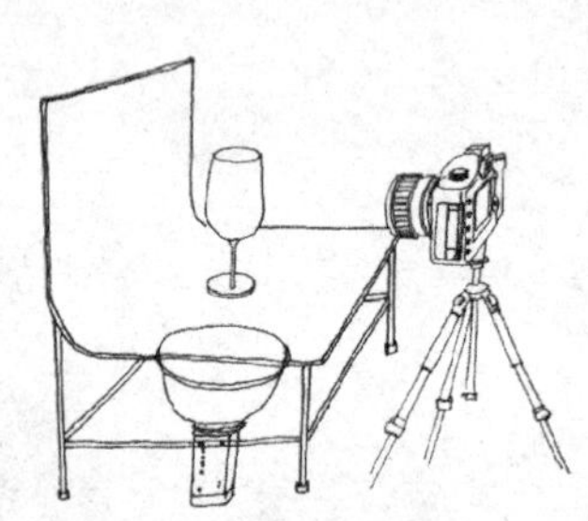

图 1-4-16　透明材质香水瓶拍摄

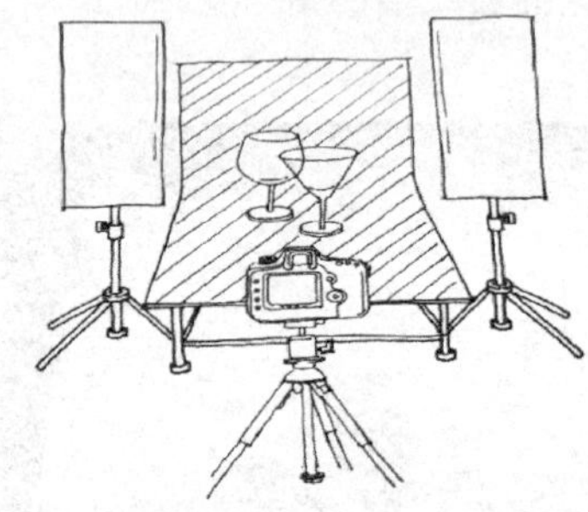

图 1-4-17　半透明材质香水瓶拍摄

(4) 食品类商品的拍摄要求。食品是吸光体的一种，在拍摄食品时需要注重表现其质感，而食品的质感往往与其色、香、味等联系在一起，用于激发消费者的购买欲。饼干、面包等属于全吸光体，冰激凌、巧克力等属于半吸光体或半反光体，拍摄时应采用侧光、顺光、侧顺光，这样层次和色彩都能够表现得更加丰富。

(5) 蔬果类商品的拍摄要求。在拍摄蔬果类商品时，为了看起来更新鲜，可先将相机拍摄模式设置为鲜艳，在被拍摄物上面喷洒一些水珠，让蔬果看起来更加饱满多汁。然后将光源放在商品正后方，前面挡一张描图纸，可使光将整个蔬果包裹起来，并从高往下拍摄蔬果外形。由于使用背光，蔬果底部没有受光，可以在蔬果右前方放置一张反光板，将光反射到蔬果的暗面处。最后用修图工具将四周暗角清除，去掉多余的留白，将焦点聚集在蔬果本身。

(二) 商品图片处理

拍摄商品图片后将其上传到电脑桌面，通常可以用 Photoshop 等设计软件对该图片进行处理，改善效果。Photoshop 设计软件处理商品图片主要有以下两种方法：

1. 商品图片文字处理操作

(1) 白色立体字处理操作。第一步：新建或按“Ctrl＋N”，创建 1920×1080 像素大小、分辨率 72 像素/英寸、RGB 颜色、8 位、背景为“白色”的新文件(见图 1-4-18)，也可以根据需要自己设定。

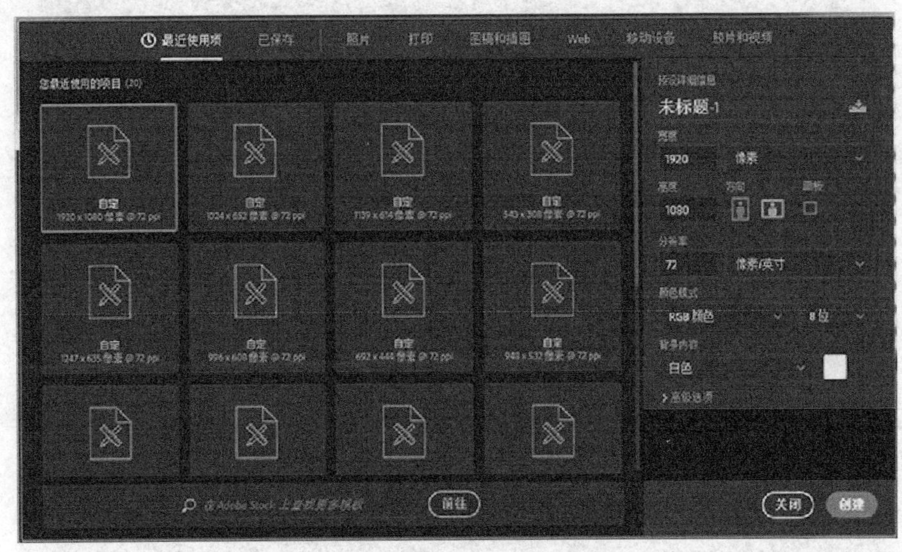

图 1-4-18　创建白色文件界面

第二步：把前景色设为“＃001743”，背景色设为“＃000000”，选择“渐变工具(G)—线性渐变”，从左往右拉渐变(见图 1-4-19)。

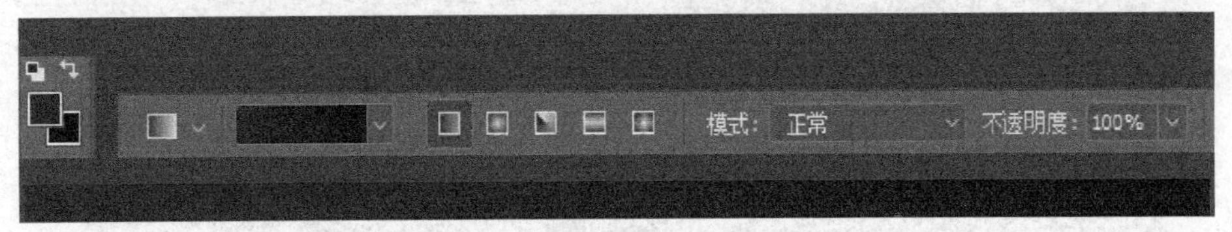

图 1-4-19　前景色与背景色界面

第三步：选择“文字工具(T)”，在画布上输入文字。

第四步：转到图层面板，双击“文字图层”打开图层样式，对文字做设置，在混合选项“填充不透明度”中将其设为“0％”(见图 1-4-20)。

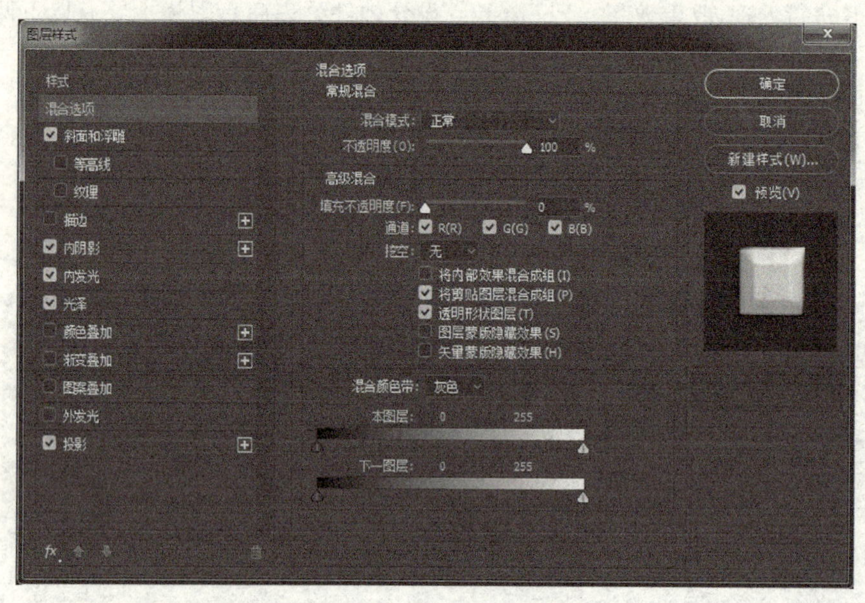

图 1-4-20　填充不透明度界面

第五步：选择“斜面和浮雕”样式为“内斜面”，深度为“1000%”，大小为“16 像素”，光泽等高线为“线性”（见图 1-4-21）。

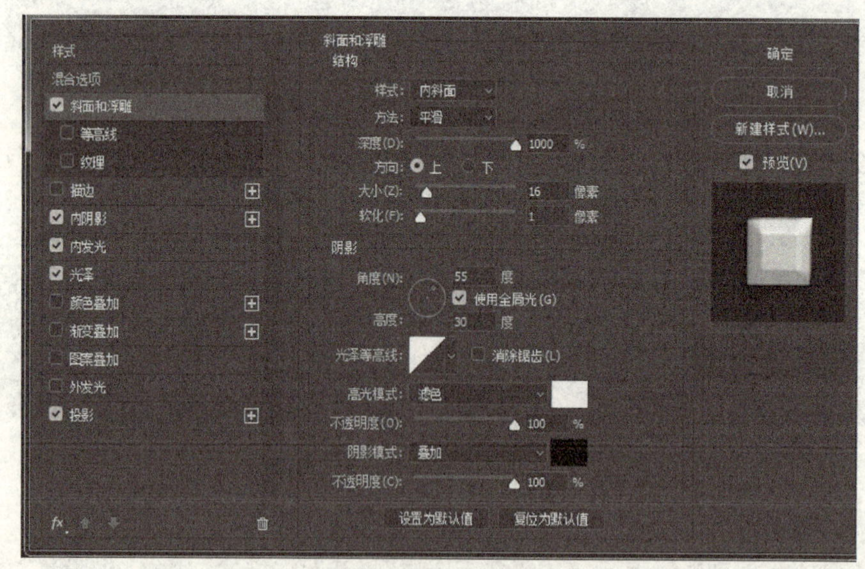

图 1-4-21　斜面和浮雕界面

第六步：选择“内阴影”，混合模式为“叠加”，不透明度为“27%”，等高线为“线性”（见图 1-4-22）。

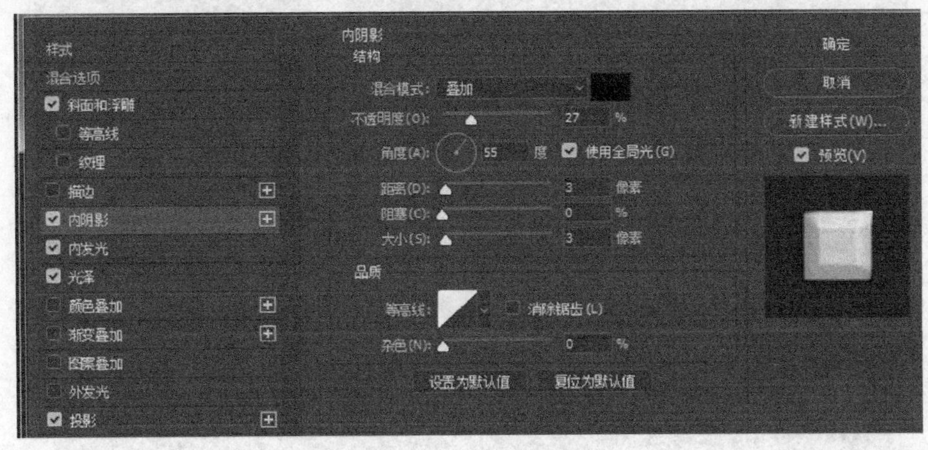

图 1-4-22　内阴影界面

第七步：选择“内发光”，按图 1-4-23 设置。

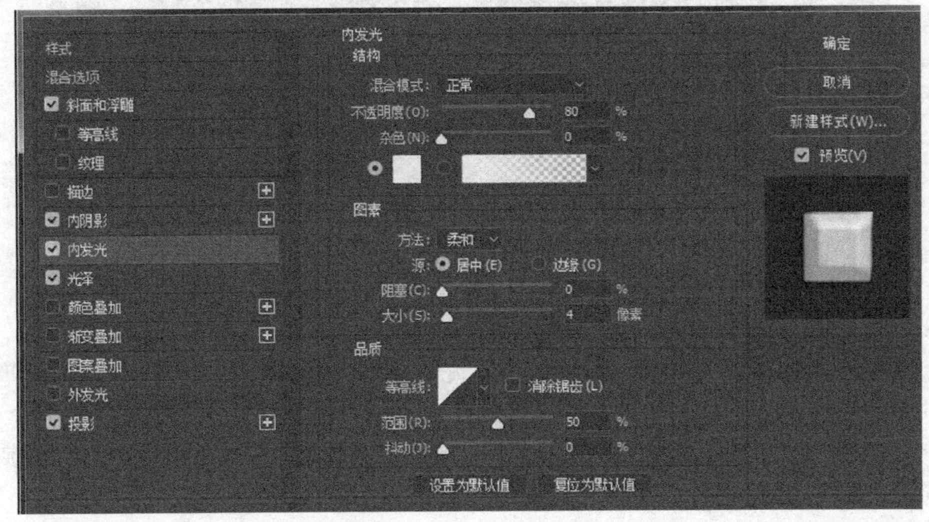

图 1-4-23　内发光界面

第八步：选择“光泽”，按图 1-4-24 设置。

第九步：选择“投影”，按图 1-4-25 设置。

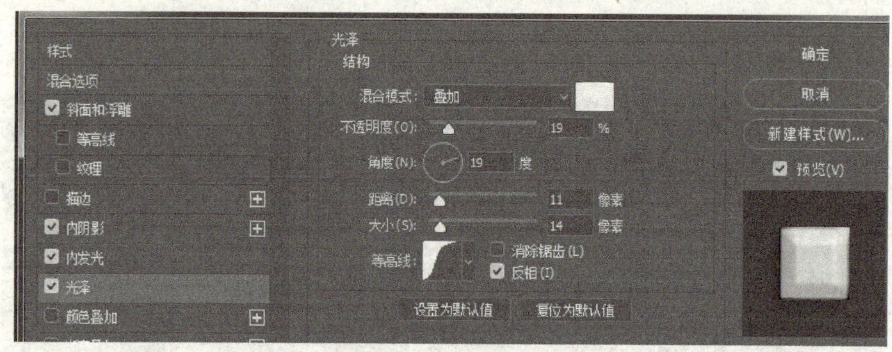

图 1-4-24　光泽界面

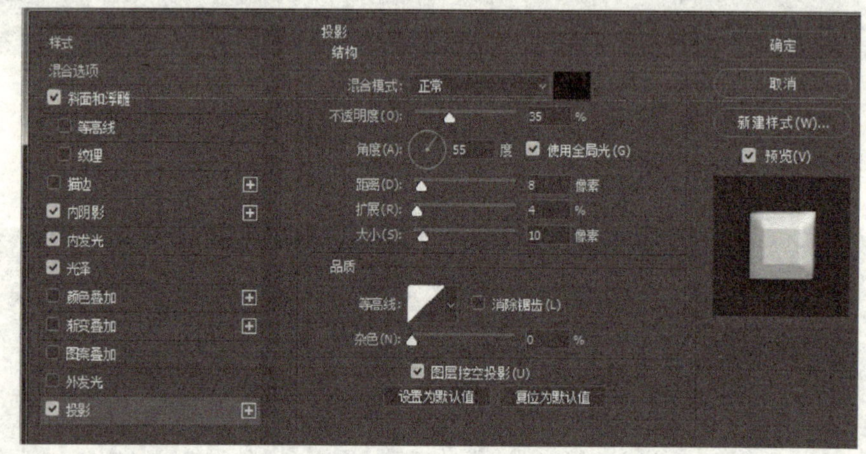

图 1-4-25　投影界面

第十步：字体设置好后按"确定"。

第十一步：给文字背景加上些雪花，先选择"画笔工具(B)"，再选择"雪花笔刷"在画布上画上需要的雪花。

第十二步：将前景色设为"＃0a47ca"，选择"画笔工具(B)"，用"柔边圆"给画布加上高光(见图 1-4-26)。

(2) 雪地划痕字处理操作。第一步：定义一款雪花笔刷，在雪花图片上面(见图 1-4-27)右键选择"图片另存为"，保存到本机。用 PS 打开刚才保存的雪花图片，选择菜单"编辑"，再点击"定义画笔预设"按钮(见图 1-4-28)，弹出对话框，将其命名为"Snow"，确定后关闭该文档。

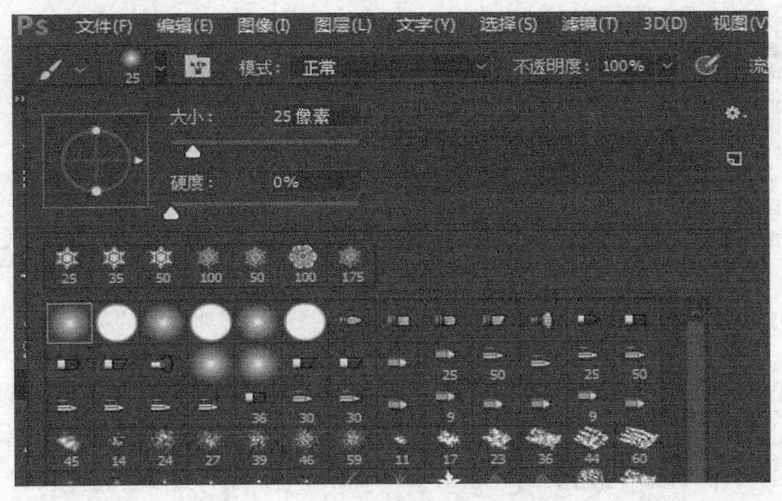

图 1-4-26　前景色设置界面

图 1-4-27　雪花笔刷素材

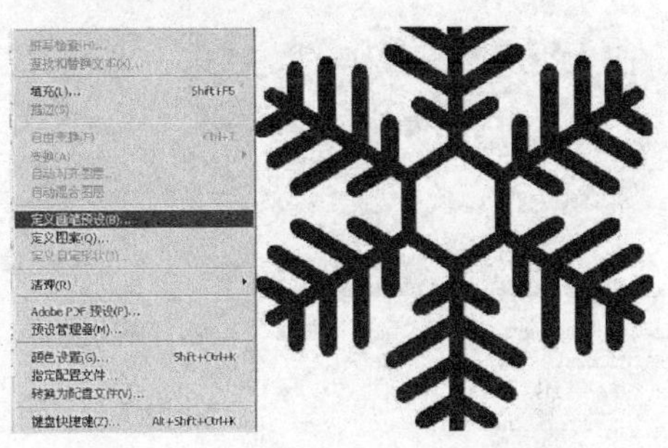

图 1-4-28　定义画笔预设界面

第二步：打开雪地背景素材大图(见图 1-4-29)，右键选择“图片另存为”，保存到本机，再用 PS 打开(见图 1-4-30)。打开文字素材图片，右键选择“图片另存为”，保存到本机，再用 PS 打开文字素材，拖到雪地背景素材中，放到画布中间位置。

图 1-4-29　雪地背景素材

图 1-4-30　用 PS 打开雪地背景

第三步：双击“图层面板文字缩略图”，调出图层样式，设置内阴影，参数设置如图 1-4-31 所示，确定后把混合模式改为“柔光”(见图 1-4-32)。

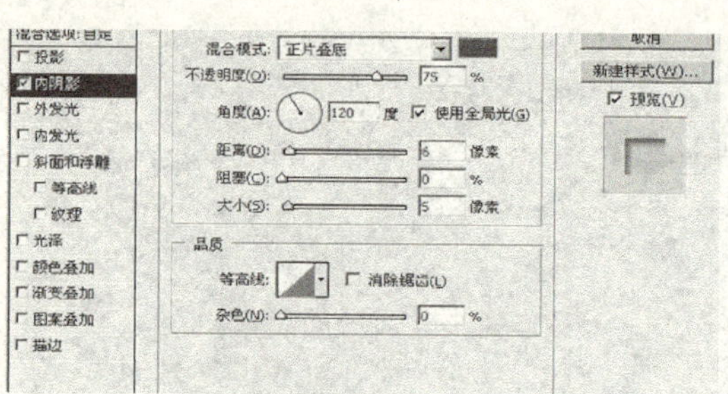

图 1-4-31　内阴影

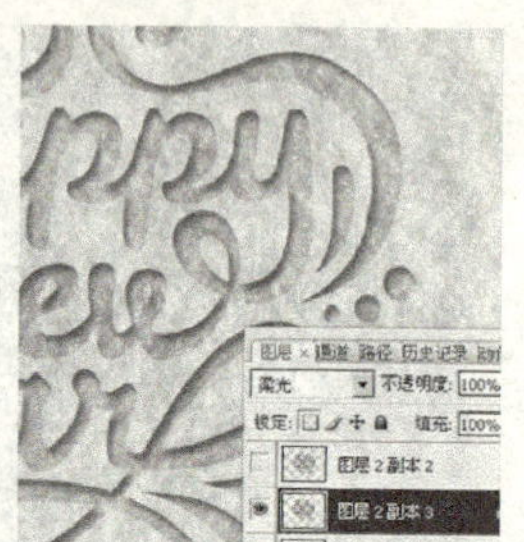

图 1-4-32　柔光

第四步：按“Ctrl＋J”把当前文字图层复制一层，在图层面板文字副本缩略图上右键选择“清除图层样式”（见图 1-4-33）。双击“图层面板”，在文字副本缩略图中调出图层样式，选择“内发光”（见图 1-4-34），斜面和浮雕参数设置如图 1-4-35 所示。确定后，把混合模式改为“正常”，填充改为“0%”（见图 1-4-36）。

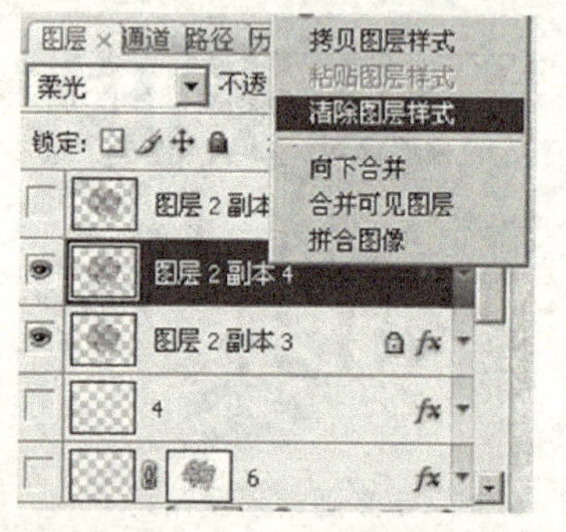

图 1-4-33　清除图层样式

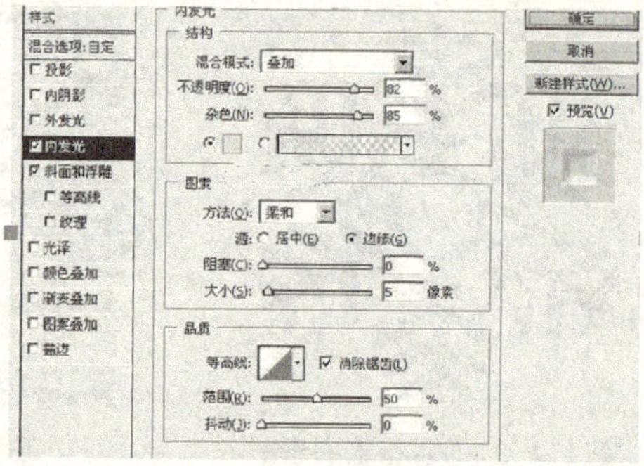

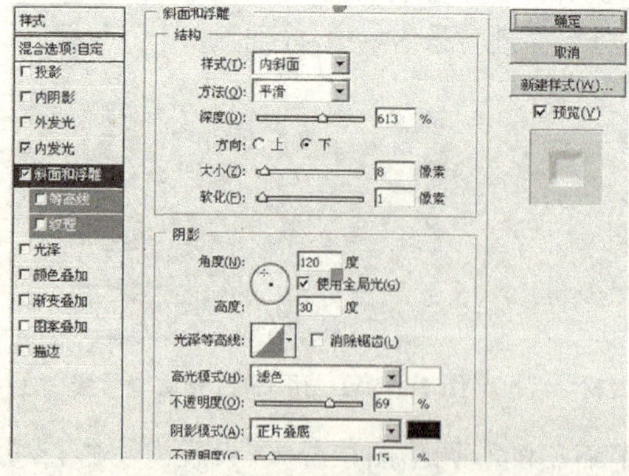

图 1-4-34　内发光

图 1-4-35　斜面和浮雕

图 1-4-36　修改混合模式

第五步：按住“Ctrl＋”，鼠标左键单击当前“文字缩略图”调出文字选区，进入路径面板，点击红圈位置的图标（见图 1-4-37），把选区生成路径。

第六步：保持路径，回到图层面板，在背景图层上面新建一个图层（见图 1-4-38），选择画笔工具，在笔刷列表中选择已定义的“雪花笔刷”（见图 1-4-39）。

图 1-4-37　红圈图标

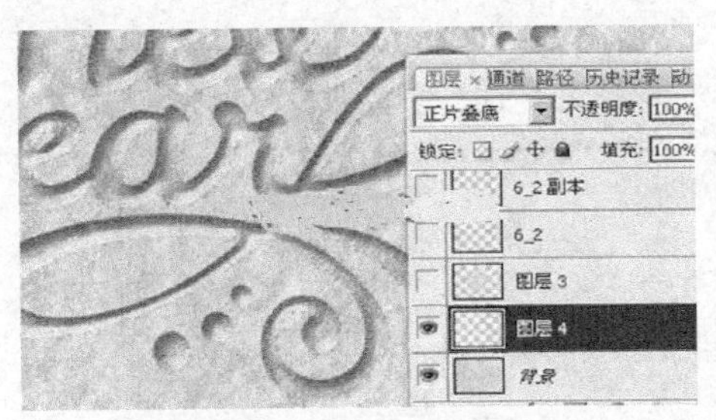

图 1-4-38　新建图层界面

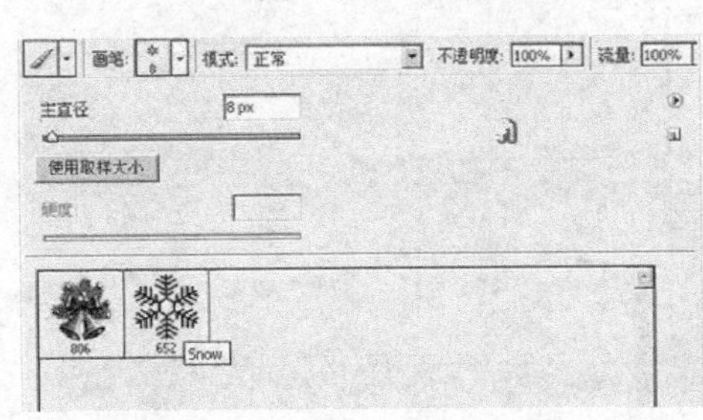

图 1-4-39　雪花笔刷界面

第七步：按 F5 调出画笔预设面板，选择“画笔笔尖形状”（见图 1-4-40）、“形状动态”（见图 1-4-41）、“散布”（见图 1-4-42）、“其它动态”（见图 1-4-43），并设置参数。

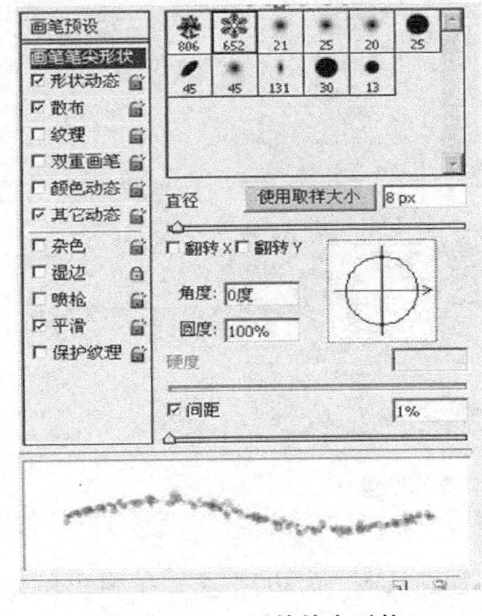

图 1-4-40　画笔笔尖形状

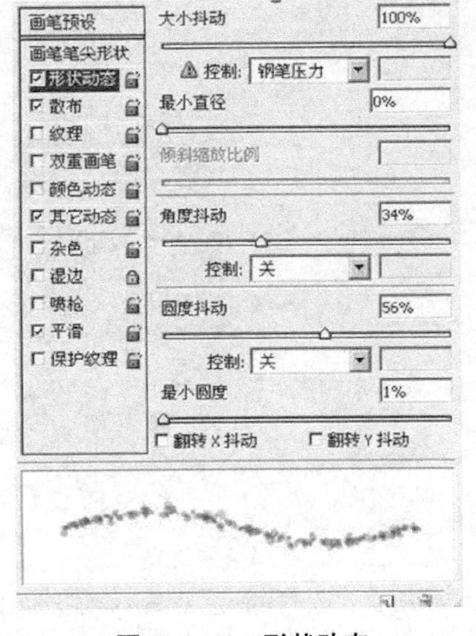

图 1-4-41　形状动态

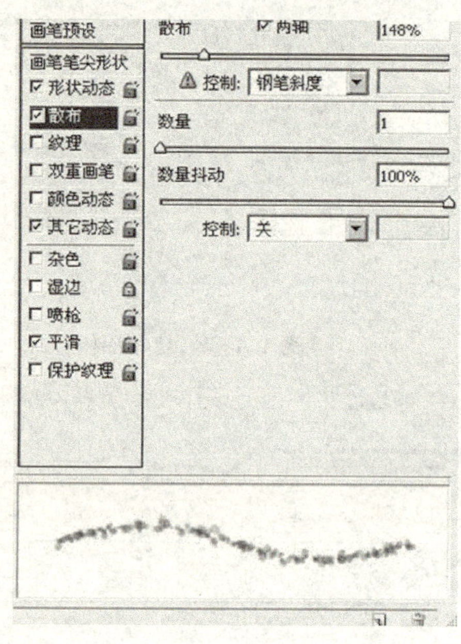

图 1-4-42　散布

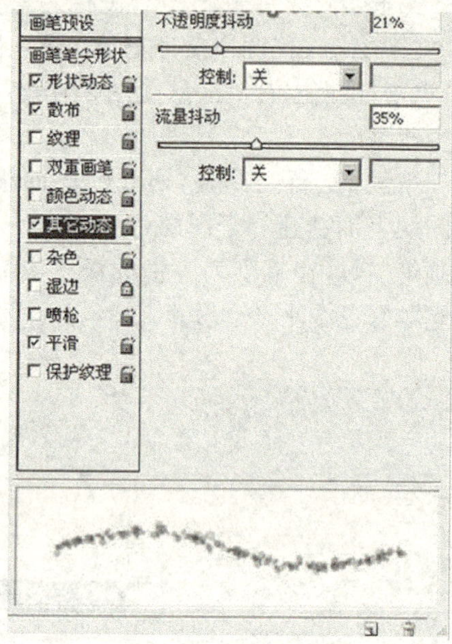

图 1-4-43　其它动态

第八步：把前景色设置为“白色”，再按左“[”(中括号)键，把画笔大小设置为“4”像素，不透明度及流量都设置为“100%”(见图 1-4-44)。

图 1-4-44　前景色设置

第九步：选择钢笔工具，在路径上面右键选择“描边路径”，在弹出的对话框中选择“画笔”(见图 1-4-45)。确定后，按回车隐藏路径(见图 1-4-46)。

图 1-4-45　画笔

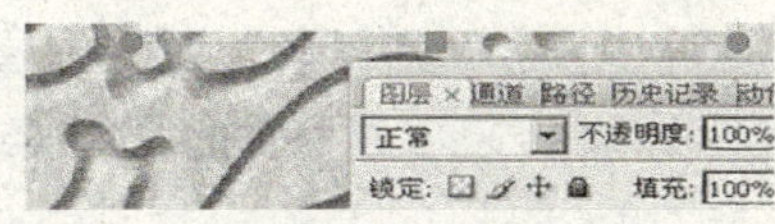

图 1-4-46　隐藏路径

第十步：双击“当前图层缩略图”调出图层样式，选择“斜面和浮雕”“等高线”“纹理”，并设置参数(见图 1-4-47)。下载图案素材，保存到本机后解压，然后按图的顺序载入刚才保存的图案(见图 1-4-48)。

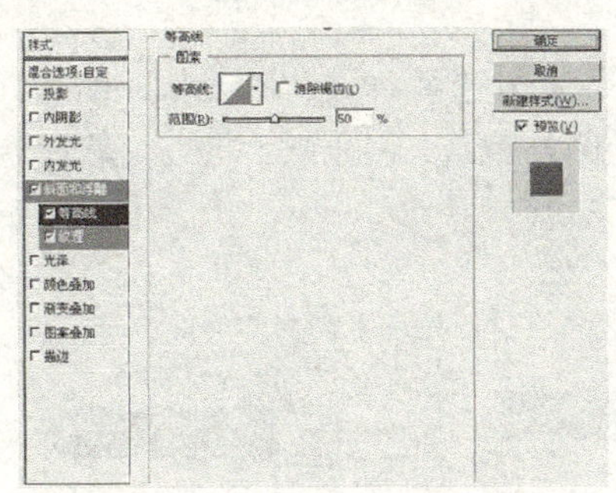

图 1-4-47　斜面和浮雕等菜单

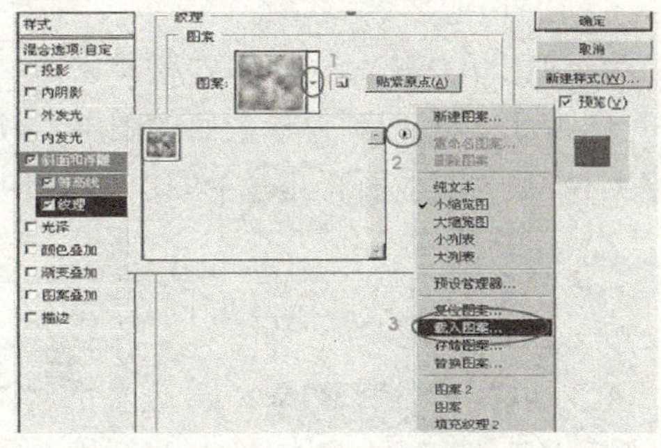

图 1-4-48　载入图案

第十一步：确定后把混合模式改为“正片叠底”(见图 1-4-49)。进入路径面板，把路径显示出来，再回到图层面板。

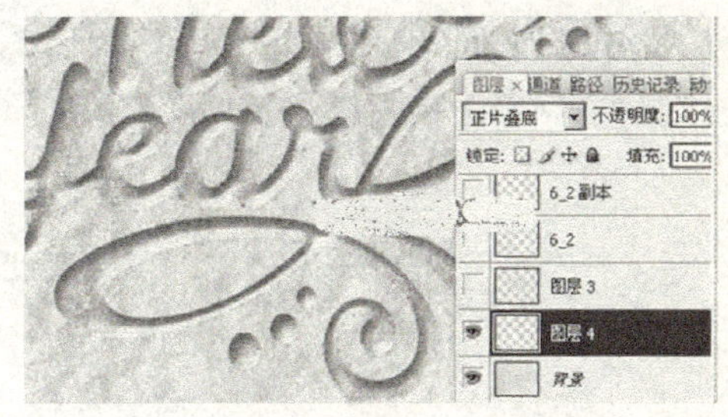

图 1-4-49　图层正片叠底

第十二步：把画笔大小设置为“6 像素”，其他设置不变(见图 1-4-50)。选择“钢笔工具”，在路径上面右键选择“描边路径”(见图 1-4-51)，再选择画笔，确定后按回车隐藏路径。在上面的图层缩略图蓝色区域右键选择“拷贝图层样式”(见图 1-4-52)，回到背景上面的图层。

图 1-4-50　画笔设置

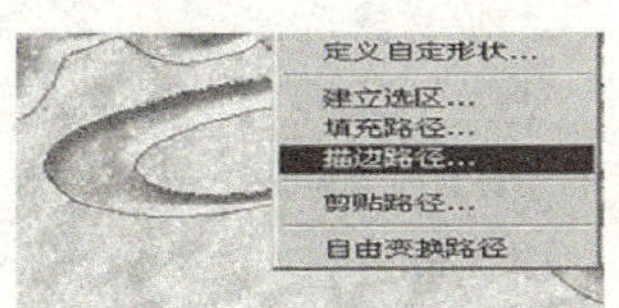

图 1-4-51　描边路径

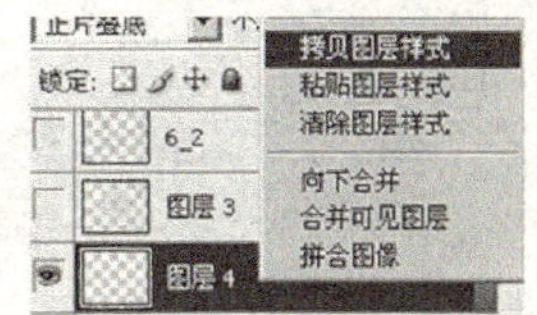

图 1-4-52　拷贝图层样式

第十三步：回到背景上面的图层，在缩略图蓝色区域右键选择“粘贴图层样式”（见图 1-4-53），确定后把混合模式改为“叠加”（见图 1-4-54）。

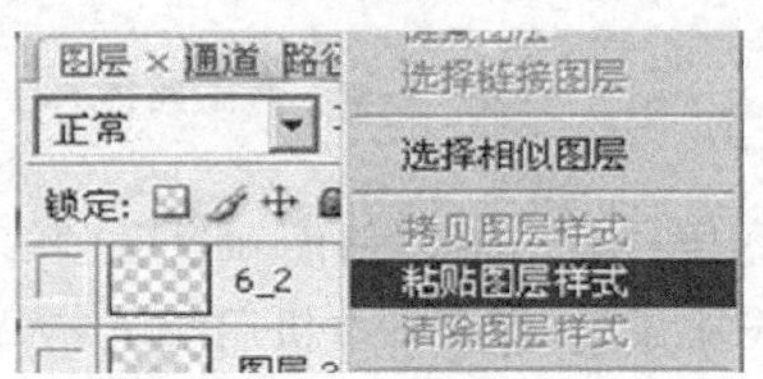

图 1-4-53　粘贴图层样式

图 1-4-54　叠加设置

第十四步：按住“Ctrl＋”，左键单击原文字调出选区，再按“Ctrl＋Shift＋I”反选（见图 1-4-55），回到背景上面的图层，添加图层蒙版（见图 1-4-56）。然后调出文字路径，在背景上面新建一个图层（图 1-4-57）。

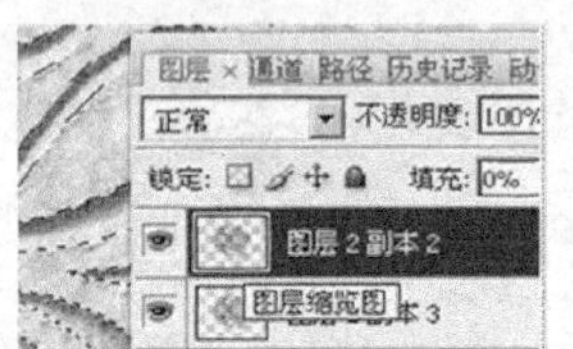

图 1-4-55　图层缩览

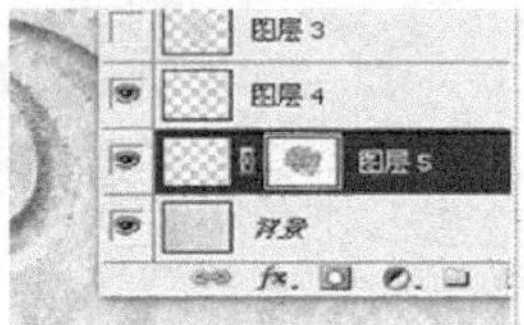

图 1-4-56　图层蒙版

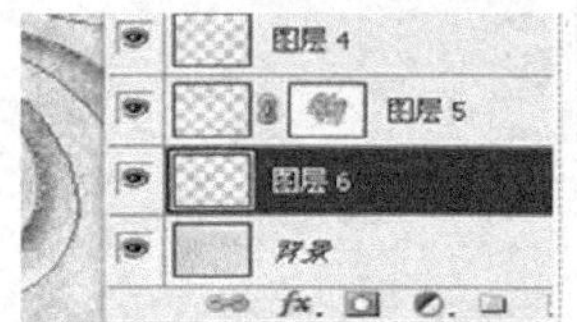

图 1-4-57　新建图层

第十五步：把画笔大小设置为“10”，其他设置不变（见图 1-4-58）。选择钢笔工具，在路径上面右键选择“描边路径”（见图 1-4-59），按回车把路径隐藏（见图 1-4-60）。

图 1-4-58　画笔大小设置

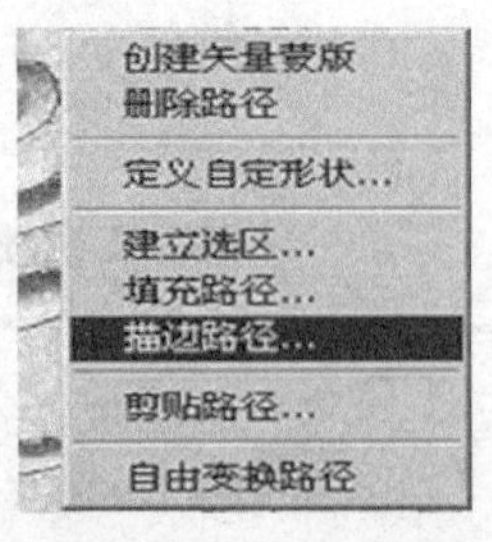

图 1-4-59　描边路径

图 1-4-60　路径隐藏

第十六步：在当前图层缩略图蓝色区域右键选择“粘贴图层样式”(见图1-4-61)，按住“Ctrl+”，左键单击“图层蒙版缩略图”载入蒙版选区(见图1-4-62)。

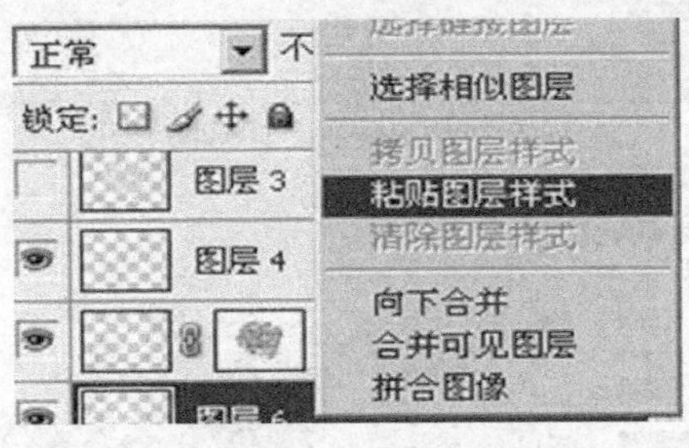

图1-4-61　粘贴图层样式

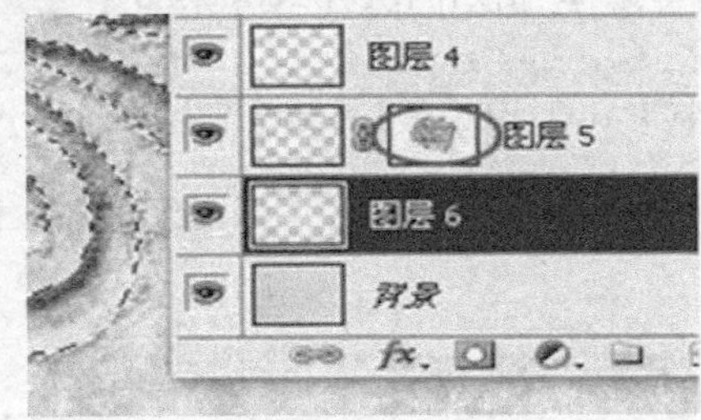

图1-4-62　蒙版选区

第十七步：给当前图层添加图层蒙版(见图1-4-63)，把混合模式改为“叠加”(见图1-4-64)，按“Ctrl+J”把当前图层复制一层，不透明度改为“50%”(见图1-4-65)。

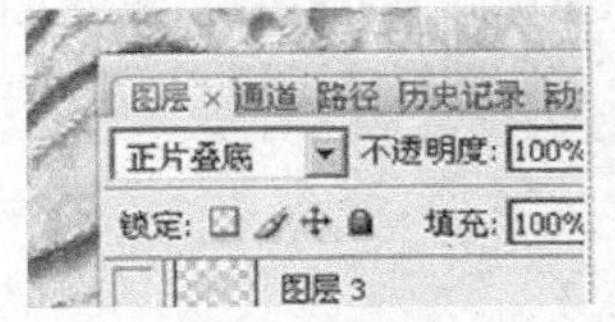

图1-4-63　添加图层蒙版

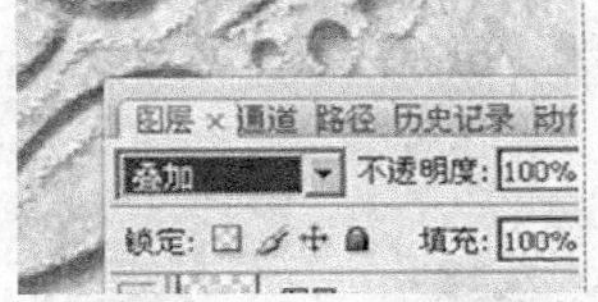

图1-4-64　叠加设置

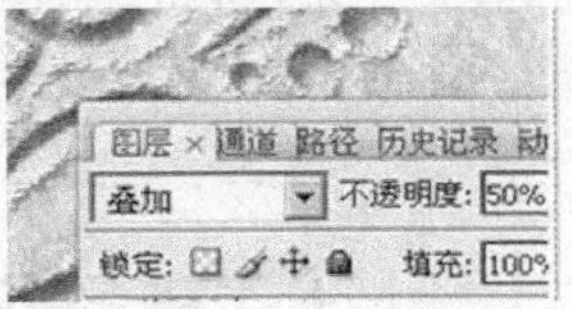

图1-4-65　不透明度设置

第十八步：调出路径，在背景图层上面新建一个图层，选择画笔工具，按F5调出画笔预设面板，修改“画笔笔尖形状”(见图1-4-66)和“散布”(见图1-4-67)参数。

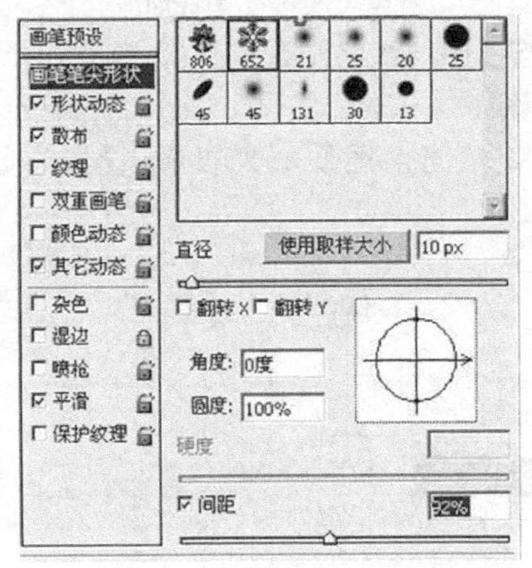

图1-4-66　修改画笔笔尖形状

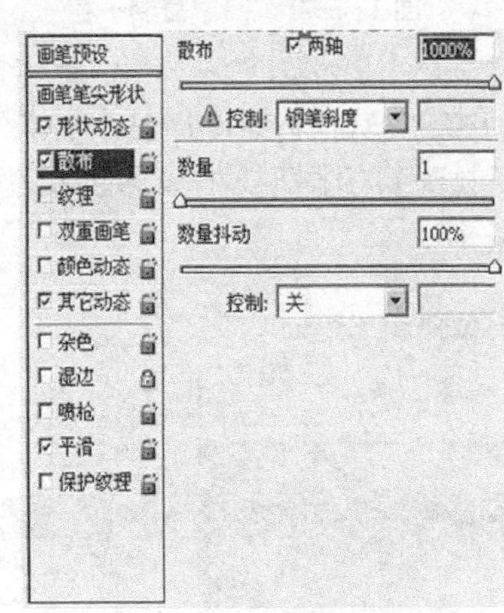

图1-4-67　修改散布参数

第十九步：把画笔大小设置为“6”，其他不变(见图 1-4-68)。选择钢笔工具，在路径上面右键选择“描边路径”(见图 1-4-69)。回车隐藏路径，在缩略图蓝色区域右键选择“粘贴图层样式”(见图 1-4-70)。

图 1-4-68　画笔大小设置

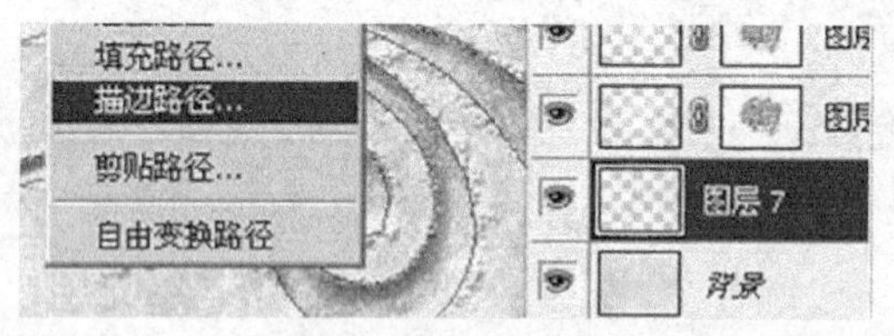

图 1-4-69　描边路径

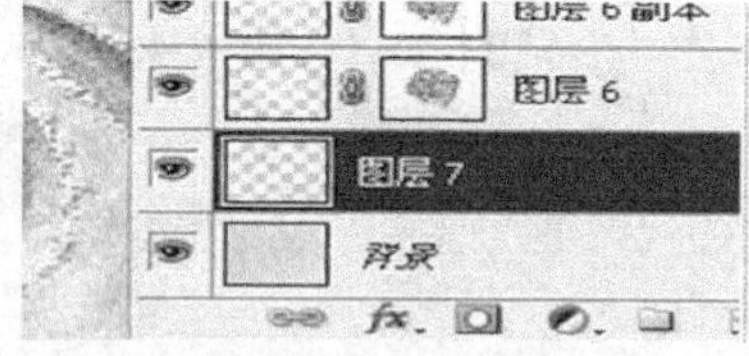

图 1-4-70　粘贴图层样式

第二十步：先按“Ctrl+J”，把当前图层复制一层(见图 1-4-71)，在背景图层上面新建一个图层，把背景图层隐藏再按“Ctrl+Alt+Shift+E”盖印图层(见图 1-4-72)。

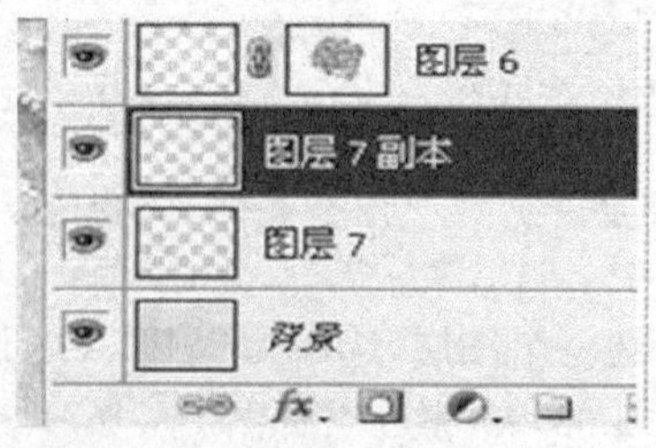

图 1-4-71　图层复制一层

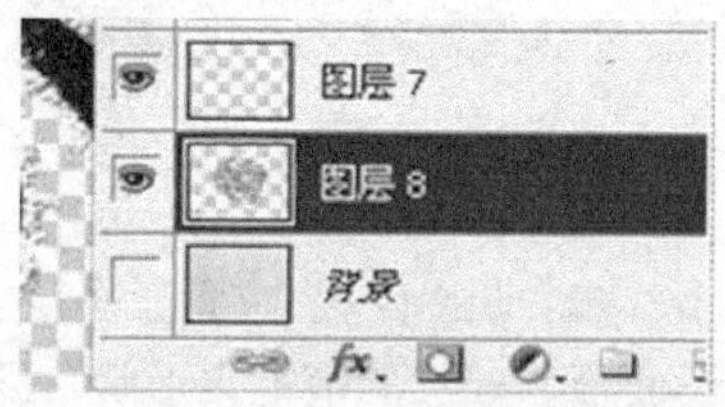

图 1-4-72　盖印图层

第二十一步：按“Ctrl+”，左键点击当前图层缩略图载入选区，羽化 1 个像素(见图 1-4-73)，把背景图层显示出来(见图 1-4-74)。按“Ctrl+J”把选区部分的图像复制到新的图层，把盖印图层隐藏。给当前图层添加投影，设置参数(见图 1-4-75)。

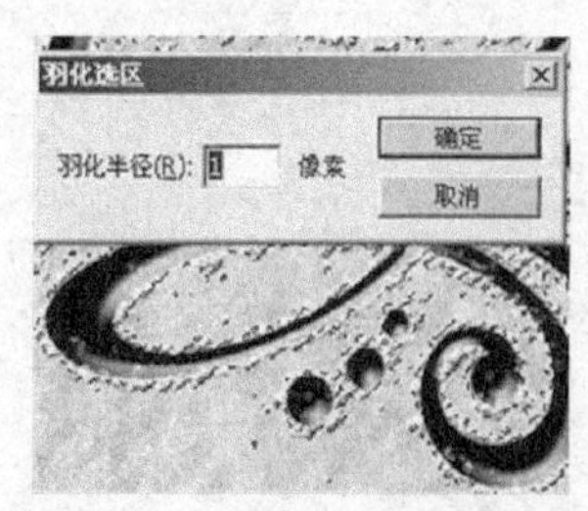

图 1-4-73　羽化像素

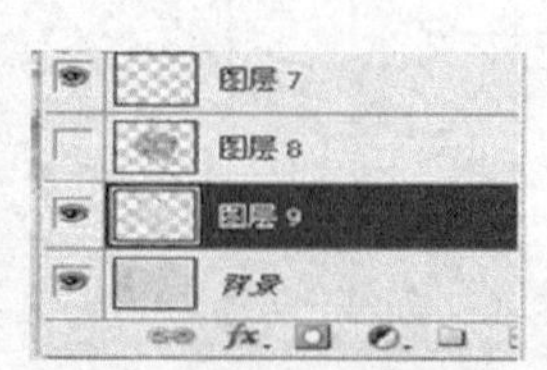

图 1-4-74　背景图层

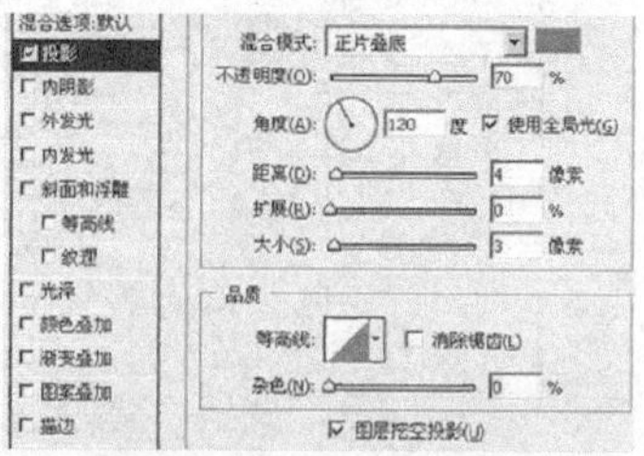

图 1-4-75　投影参数

第二十二步：按确定后微调一下细节，再调整整体颜色，完成最终效果（见图1-4-76）。

图 1-4-76　最终效果界面

2. 蒙版抠图操作

为了使商品更加吸引消费者的注意力，卖家通常会对拍摄好的产品图片用工具把所需的主体从图片或素材中选取出来，这就是抠图。Photoshop设计软件的抠图工具有魔术棒、钢笔、蒙版，可按快捷键 Q 或工具按钮。下面以服装抠图为例：

第一步：选择一张合适的背景图，将原先拍摄好的服装图片与背景进行结合。把素材 2(拍摄好的试装图)拖入到素材 1(背景)中，点击素材 2 图层，按“Ctrl＋T”键，并按住“shift”键不放手，用鼠标左键对素材 2 进行大小缩放的自由变换，调整到自己所需的效果。按住“shift”键进行缩放，可使图片进行整体缩放而不会产生变形(见图 1-4-77)。

图 1-4-77　服装图片与背景结合界面

第二步：将素材 1 与素材 2 进行复制生成“素材 1 拷贝”和“素材 2 拷贝”。按住“Ctrl＋J”键，分别将素材 1 和素材 2 进行复制生成“素材 1 拷贝”“素材 2 拷贝”。同时，创建一个空白的新图层并更名为“检验图层”，可用来检验抠图的效果。将前景色设置为蓝色（＃0314fa），使用油漆桶工具进行填充。选择将素材 1/2 的原件进行隐藏。

第三步：点击快速蒙版工具或按快捷键 Q 键进入快速蒙版，可在通道面板中查看快速蒙版，并将前景色设置为“黑色”，选择一种柔角、硬度为 50％的画笔在图像窗口中沿人物涂抹创建蒙版区，笔头大小按需求进行适当调整（见图 1-4-78）。

图 1-4-78　创建蒙版区界面

第四步：选择“缩放工具”中的“适合屏幕”，用黑色画笔对“素材 2 拷贝”进行均匀涂抹，如果过程中涂抹错误，则可使用白色画笔对错误地方进行修补。

第五步：按 Q 键退出快速蒙版，回到图层面板，点击“素材 2 拷贝”图层按“delete”键，删除选取的图像，隐藏“检验图层”。

第六步：按“Ctrl＋D”键取消选择，选择“橡皮擦工具”，设置不透明度为 20％，选择大小合适的橡皮擦，对多余的边缘进行擦除。为了图层更加美观，可对图像进行“减少杂色”，调整“曲线”“色阶”“色相/饱和度”等操作。

(三) 产品图片编辑

1. 产品图片编辑的基本要求

主要有七个方面：一是图片内文字的规范，请尽量使用 Helvetica 字体，该字体优点是易辨识、易读性高，也可使用 Arial、Verdana；大于 16 号的字体，建议采用图片方式独立设计展现，相同类型的文字内容，最好采用相同的字体样式。二是规范内容，图片中不能有水印，图片请选取产品图以及产品相关事物，提供分辨率高的图片，不要模糊和变形。三是图片格式为 JPG。四是图片文件调整至大约 200(高)×200(宽)或者 100(高)×100(宽)像素，不能超过 1M。五是颜色规范，尽量以淡色系为主，色彩搭配干净、明亮，图案简洁，避免使用花哨的背景。六是图片布局规范，左字右图、左图右字、文字在中间、文字在上角。七是在符合规范的基础上，可加入更多设计的元素，如 sale 等字样，达到吸引浏览者的目的。

2. 编辑女裙产品图片

上海立达跨境电子商务公司根据跨境电子商务市场的调研，夏季的女式新款连衣裙受到了广大女性的欢迎，于是找到相关品牌的供应商，选择了一款女式蕾丝雪纺连衣长裙，由公司女员工担任模特，对产品进行拍摄，并根据自己店铺的经营特色、海外买方市场的购物习惯和消费水平，对女式蕾丝雪纺连衣长裙图片进行修图。修图完毕后，采用 Photoshop 蒙版抠图软件对女式蕾丝雪纺连衣长裙进行抠图，重点突出产品的流行元素和局部细节，并以家庭客厅为背景，以软色进行渲染，并从居家的视角展现产品的设计理念和流行元素。

(四) 产品图片上传

1. 商品图片上传要求

第三方跨境电子商务平台为了确保卖家商品图片上传的规范性，制订了相应的要求。其主要有以下两个方面：

(1) 上传商品图片的质量。注册卖家应当注意五个方面的事项：一是确认上传商品的品类；二是设定有竞争力的价格；三是填写商品的标题、属性和详细描述；四是确保上传商品图片能全方位、多角度地展示该商品，突出商品整体样式、大小、特征及卖点；五是图片清晰，无任何边框和水印。

(2) 上传商品图片的数量。商品图片上传的数量为 8 张，应尽量上满。

2. 商品图片上传程序

(1) 登录上传产品界面。上海立达跨境电子商务公司输入敦煌网的网址进入敦煌网界面后，点击“马上登录”按钮进入敦煌网平台卖家后台，输入用户名和密码后点击“立即登录”按钮进入“我的 DHgate”界面，点击“添加新产品”菜单(见图 1-4-79)进入“上传产品”界面。

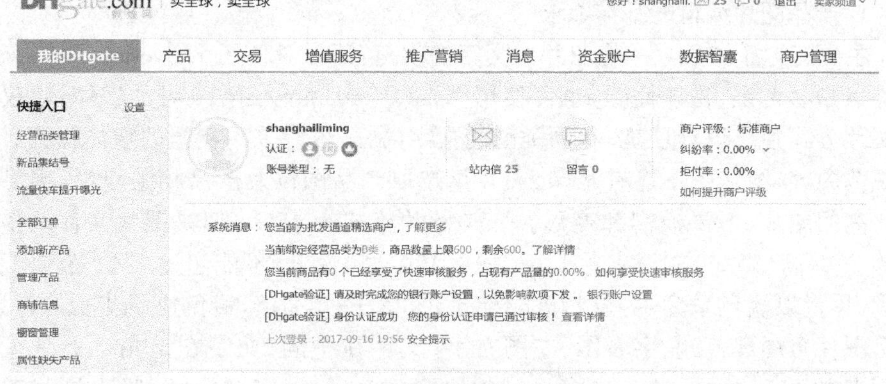

图 1-4-79　添加新产品界面

（2）选择类目。在"上传产品"界面的左下栏中，选择并点击"服装"按钮，其右边出现第一份菜单。在该菜单中选择并点击"女装"，该菜单的右边出现第二份菜单。选择并点击"女式连衣裙"，在该菜单的右边出现第三份菜单，选择并点击"休闲裙"。全部选择完毕后，点击"立即去发布新产品"按钮（见图 1-4-80）进行产品上传。

图 1-4-80　立即去发布新产品界面

(3) 填写产品基本信息。点击产品基本信息进入输入信息界面（见图1-4-81），该界面有五个方面的内容：一是产品标题，需填写商品名称、型号、功能、性能等关键词，关键词之间用空格，重要关键词放在前面，尽量不要使用标点，遵守英语书写规则；二是填写产品关键词，由类别性关键词与功能性关键词两部分组成，前者用商品品类1至3个单词构成，如女士服装、男士服装，后者用规格、颜色、材质、款式、功能等属性方面的词语构成；三是产品基本属性，根据商品属性进行选择；四是产品规格，根据商品规格选择相关信息；五是尺码表，根据商品市场销售情况，选择“引用尺码模板”或“创建新尺码表”。

1、产品基本信息

* 产品标题：您的产品标题单词量为**4**，平台上此类目产品标题的单词量为**16-23**个，完整且清晰的描述有助于提升产品曝光率。
（重复的单词堆积，和产品无关的介绍会被视为作弊，导致产品被搜索降序甚至屏蔽）

summer lace casual dresses　　您还可以输入**111/140**个字符

产品关键词：women holidays white　添加多个关键词

* 产品基本属性：您的产品在所在类目的非必填属性填写率为**100%**，平台上此类目的非必填属性填写率为**80%**，完整且清晰的描述有助于提升产品曝光率。
（请按产品实际情况正确填写参数，错误的参数会引起客户投诉，影响产品曝光率）

设置完整的产品属性有助于买家更容易找到您的产品

品牌：- 无品牌 -
场合：日常穿着裙/休闲裙
流行趋势：Bohemian Dresses(波西米亚裙)
季节：Summer(夏季)
领型：V-Neck(V字领)
裙型：A-Line(A型裙)
袖型：Flare/Bell Sleeve(喇叭袖)
裙长：Knee-Length(及膝)
袖长：3/4 Sleeve(7分袖)
装饰：☐ 全选
☐ Zipper(拉链)　☐ Pocket(口袋)　☑ Sheer(透明)　☐ Rhinestone(水钻)　☑ Piping(镶边/嵌边)
☑ Peplum(腰部裙摆式褶裥)　☐ Ruched(不均匀的小褶皱)　☑ Pleated(均匀的小褶皱)
☐ Beading(串珠)　☐ Print(印花)　☐ Panelled(拼接)　☐ Split(开叉)　☑ Ribbon(缎带)
☐ Pearl(珍珠)　☐ Fur(毛皮)　☐ Rivet(铆钉)　☐ Tiered(有层次的)　☐ Tassel(流苏)
☐ Sequins(亮片)　☐ Sashes(肩带/腰带)　☑ Lace(蕾丝)　☑ Hollow Out(镂空)　☐ Feather(羽毛)
☑ Embroidery(刺绣)　☐ Draped(大褶皱)　☐ Crystal(水晶)　☐ Criss-Cross(十字交叉)
☑ Ruffle(层叠荷叶边)　☐ Button(纽扣)　☐ Bow(蝴蝶结)
☐ 自定义

默认参数	自定义内容
镶边/嵌边	Piping
腰部裙摆式褶裥	Peplum
蕾丝	Lace
镂空	Hollow Out
层叠荷叶边	Ruffle
透明	Sheer
均匀的小褶皱	Pleated
缎带	Ribbon

刺绣	Embroidery

图案：Solid(立体花纹)

默认参数	自定义内容
立体花纹	Solid

面料：Lace(蕾丝)

默认参数	自定义内容
蕾丝	Lace

风格：Casual(休闲款)

默认参数	自定义内容
休闲款	Casual

面料类型：☐ 全选

☐ Twill(斜纹) ☑ Chiffon(雪纺) ☐ Fleece(摇粒绒) ☑ Canvas(帆布) ☐ Velour(丝绒)

☐ 自定义

默认参数	自定义内容
雪纺	Chiffon
帆布	Canvas

腰线：Empire(高腰线)

默认参数	自定义内容
高腰线	Empire

自定义属性： 添加更多

* 产品规格：产品的不同规格，可以设置不同的零售价，并在前台展示给买家

* 颜色：为提升买家购物体验，促进购买！上传自定义的属性值图片会优先在产品详情页关联展示。

☐ Blue(蓝色) ☐ Khaki(卡其色) ☐ Champagne(香槟色) ☐ Army Green(军绿色)

☐ Lavender(淡紫色) ☐ Gray(灰色) ☐ Red(红色) ☐ Clear(透明) ☐ Pink(粉色) ☐ Green(绿色)

☐ Black(黑色) ☐ Ivory(象牙白) ☐ Multi(混合色) ☑ White(白色) ☐ Gold(金色)

☐ Orange(橙色) ☐ Silver(银色) ☐ Brown(棕色) ☐ Yellow(黄色) ☐ Purple(紫色)

☐ Beige(米黄色)

☐ 自定义

颜色分类	自定义颜色图片（图片格式JPG,大小200k以内,可不添加）
白色 White	选择图片

* 尺码：☑ S(S) ☑ M(M) ☑ L(L) ☑ XL(XL) ☐ 2XL(2XL) ☐ 3XL(3XL) ☐ 4XL(4XL) ☐ 5XL(5XL)

☐ XS(XS) ☐ 2XS(2XS) ☐ Free(有弹性的)

☐ 自定义

自定义规格

增加自定义规格

尺码表：您可以直接引用现有尺码模板,也可以为该商品单独创建尺码表

○引用尺码模板： 请选择尺码模板

◉创建新尺码表： 编辑尺码表 删除尺码表

图 1-4-81　产品基本信息界面

(4) 填写商品销售信息。点击商品销售信息进入输入信息界面(见图1-4-82),该界面有六个方面内容：一是销售计量单位,填写销售商品的计量单位；二是销售方式,选择"包",填写每包"10"件；三是备货状态,根据销售商品的实际情况选择"有备货"或"待备货",并选择"备货所在地"；四是备货数量,填写实际库存数量；五是备货期,填写买家下单起至卖家把运单号回填到平台的时间；六是商品价格区间,填写卖家的报价,系统会自动加上佣金。

2、产品销售信息

* 销售计量单位：件(Piece) 示例：12美元/件

* 销售方式：○ 按件卖(单位：件)

◉ 按包卖(每包产品的数量：10 件)

* 备货状态：◉ 有备货，备货所在地 中国 增加备货地(有现货，可立即发货，备货期不大于四个工作日，如遇节假日顺延)

○ 待备货，客户一次最大购买数量为 10000 包(暂无现货需采购)

* 备货期：4 天 有备货的产品备货期小于等于4天

备货总量：30包 产品备货数量的总和

* 产品价格区间：您可以最多添加4个价格区间 阶梯佣金计算公式

◉ 统一设置价格 ○ 分别设置价格

1 包以上 预计收入：US$ 20 /包 买家价格：US$ 20.11-22.86

增加区间

尺码	颜色	销售状态	* 备货数量 30 批量设置	商品编码
S	白色	可销售	6 包	6204499093
M	白色	可销售	6 包	6204499093
L	白色	可销售	12 包	6204499093
XL	白色	可销售	6 包	6204499093

图 1-4-82 产品销售信息界面

(5) 填写商品内容描述。点击商品内容描述进入输入信息界面(见图1-4-83),该界面有五个方面内容：一是商品图片,可选择"本地上传"或"相册上传"进行图片上传,全方位呈现商品的特色或细节；二是商品分级管理,根据商品是否具有成人性质选择非成人属性或成人属性；三是商品组,为每一个商品进行分组；四是商品简短描述,商品标题中没有包含的相关特性可在商品简短描述中进行表述,限 500 个字符,如"A sleeveless fairy dress for holidays in summer, white and lace. We have the size from S to XL"；五是商品详细描述,填写商品的功能属性、商品细节图片、支付物流、售后服务、公司实力等内容。

3、产品内容描述

* 产品图片：图片格式JPEG，文件大小2M以内，切勿盗用他人图片，以免受网规处罚。
上传优质产品图片会获得更多的站内外流量。
优质产品图片定义：产品原图，即无人为修改痕迹、无水印、无修饰边框和文字。

本地上传　相册上传　您还可以上传5 /8 张

QQ图片... 删除　QQ图片... 删除　QQ图片... 删除

☐ 为"本地上传"的图片添加水印

勾选：为本地上传的图片添加水印，默认位置为右下角；您还可以调整水印位置（点击【设置水印位置并预览】）。
不勾选：本地上传的图片不添加水印。

将"本地上传"的图片保存至 默认相册

商品分级管理：为了更好的将商品进行站外推广，需要您对自己的商品进行标识，是否有成人性质。 了解更多
注：如成人类性质商品打标错误，将会受到封店7天惩罚，请严格遵循。

◉ 非成人属性　○ 成人属性

产品组：产品组新增二级分组功能。产品组有二级分组时，请选择二级分组。否则产品将会归到未分组，影响使用。管理产品组

请选择产品分组

* 产品简短描述：区别于标题以更丰富的角度描述产品如：颜色、尺寸、款式、配件、贸易方式等。

A sleeveless fairy dress for holidays in summer, white and lace. We have the size from S to XL.

您还可以输入404/500个字符

* 产品详细描述：详细描述一般包含产品功能属性、产品细节图片、支付物流、售后服务、公司实力等内容。关联产品模板

Apparel　泳装沙滩　服装-　服装黑白　空白模板

2、产品销售信息

* 销售计量单位：件(Piece)　示例：12美元/件

* 销售方式：○ 按件卖（单位：件）
◉ 按包卖（每包产品的数量：10 件）

* 备货状态：◉ 有备货，备货所在地 中国　增加备货地（有现货，可立即发货，备货期不大于四个工作日，如遇节假日顺延）
○ 待备货，客户一次最大购买数量为 10000 包（暂无现货需采购）

* 备货期：4 天　有备货的产品备货期小于等于4天

备货总量：30包　产品备货数量的总和

* 产品价格区间：您可以最多添加4个价格区间　阶梯佣金计算公式
◉ 统一设置价格　○ 分别设置价格

1 包以上　预计收入：US$ 20 /包　买家价格：US$ 20.11-22.86

增加区间

尺码	颜色	销售状态	* 备货数量 30 批量设置	商品编码
S	白色	可销售	6 包	6204499093
M	白色	可销售	6 包	6204499093
L	白色	可销售	12 包	6204499093
XL	白色	可销售	6 包	6204499093

图 1-4-83　产品内容描述界面

(6) 填写商品包装信息。点击商品包装信息进入输入信息界面(见图1-4-84),该界面有两个方面内容:一是包装后重量,按实际销售产品包装后的实际重量填写;二是包装后尺寸,按实际销售产品包装后的实际尺寸填写。

4、产品包装信息

* 包装后重量: 3 公斤(KG)/件

产品计重阶梯设定 依据产品件数设置产品重量,适合体积小、重量大产品。查看详情

* 包装后尺寸: 50 * 25 * 20 单位均为:厘米

图 1-4-84 产品包装信息界面

(7) 设置运费。点击设置运费进入输入信息界面(见图1-4-85),根据销售产品的运输方式和目的地,选择系统中提供的合适运费模板。

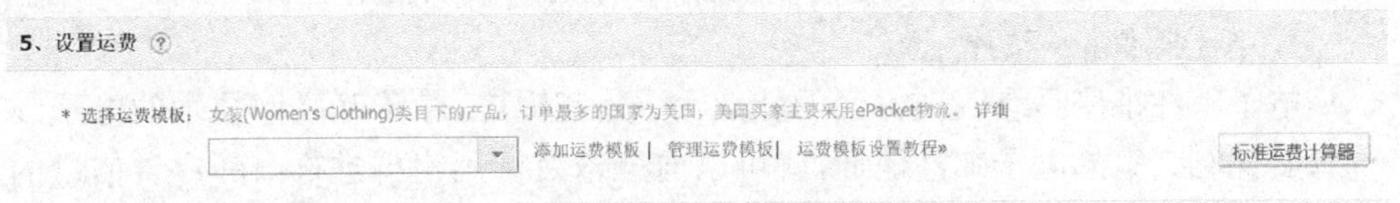

图 1-4-85 设置运费界面

(8) 选择其他信息。点击选择其他信息进入输入信息界面(见图1-4-86),该界面有两个方面内容:一是产品有效期,根据销售产品属性选择"90天"或"30天"或"14天";二是售后服务模板,选择默认模板或之前已经设置好的运费模板,并填写或选择相关信息(见图1-4-87)。

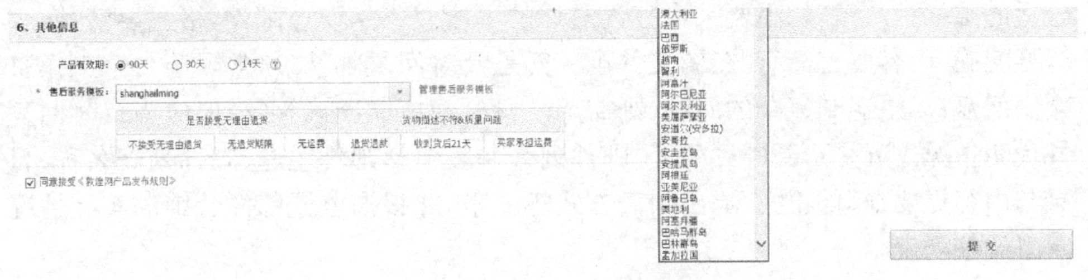

图 1-4-86 其他信息界面

三、运用各种营销方式

跨境电商营销方式主要有以下五种:

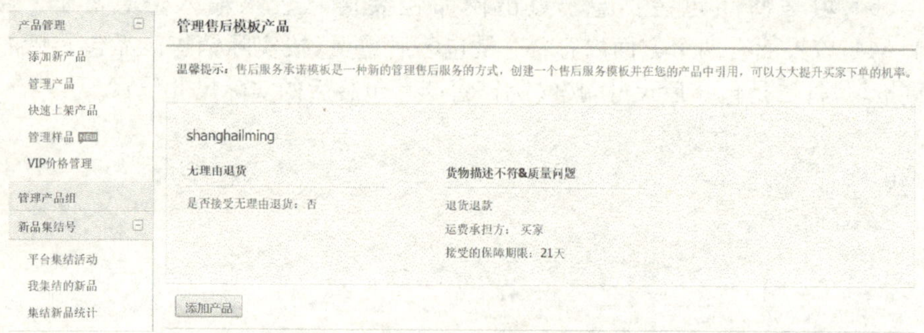

图 1-4-87　管理售后模板产品界面

(一) 电子邮件推广

电子邮件推广是指基于互联网通信技术，在用户事先许可的前提下通过电子邮件向目标用户群发送新品、促销等商业价值信息的在线营销手段。

1. 电子邮件推广的特点

电子邮件推广具有四个方面的特点：一是范围广，基于互联网技术的电子邮件只要拥有买家的电子邮件地址，就可以向全球目标用户群进行商品广告信息的推送；二是应用宽，适合各行各业的在线营销；三是效果好，采用邮件群发软件的手段，每天单机能向目标用户群快速发送数百万封电子广告邮件，不仅针对性强，还能较长时间保存，反馈率高，效果明显；四是成本低，发送电子邮件是免费的，仅仅是人工成本，相比传统手段的推广费用要低得多。

2. 电子邮件推广的步骤

电子邮件推广主要有五个步骤：一是明确电子邮件推广的目标，确定目标顾客群，把握黄金客户。二是制定营销方案，根据目标用户群的特征进行分类，采用合适的邮件推广策略，不要采取狂轰滥炸的手段。三是设计邮件，格式要清楚，主题要明确，内容要言简意赅、图文并茂。四是及时回复邮件，通常限于一个工作日之内回复；如果遇到复杂的问题，则需要一段时间才能准确答复，但应当及时回复并说明情况。五是更新邮件列表，邮件列表一般包括邮件主题、邮件列表名称、目录与内容提要、邮件正文、退出列表方式等要素，并根据电子邮件营销的实际情况及时调整列表。

(二) 搜索引擎优化推广

搜索引擎优化推广(SEO)是通过搜索引擎的排名规律，对网站结构、网页信息进行合理优化，使其更符合搜索引擎的索引规则，提高在百度和 Google 等搜索引擎中的排名，从而获取大量的访问量，为企业带来更多的线上客户的营销手段。搜索引擎优化推广包括关键词优化、网站内部优化、网站外部链接策略等方式。

1. 搜索引擎优化推广的特点

搜索引擎优化推广具有两个方面的特点：一是成本较低，优化的是自然排名，与相对高额的竞价费用成本相比，费用较低；二是效果较慢，优化是一个长期积累的结果，周期较长，不会马上呈现出效果；三是效果持久，即使停止广告位，用户搜索关键字页面，排名依然优先，效果被储存了下来。

2. 搜索引擎优化推广的步骤

搜索引擎优化推广有五个步骤：一是分析推广内容的竞争度，查询一下搜索引擎相关信息量，是否是高热度词汇，具体分析哪些词汇虽然信息量不高，但其含金量较高；二是选择推广产品所属行业排名靠前的网站；三是确定关键词，分析竞争对象、企业自身优劣、关键词与网站相关性等因素，选择比较适合的关键词；四是优化网站，对页面、网站链接等进行修改；五是提交网站，把经过优化的网站提交搜索引擎上，使其收录，这样才能被网民检索到。

(三) 百度推广

百度推广是指向企业提供的按效果付费的网络营销服务，其包括标题、内容描述和网址信息的推广。

1. 百度推广的特点

百度推广具有三个方面的特点：一是推广范围大，企业可借助强大的百度搜索页面和 60 万家联盟网站向亿万网民和企业推广商品销售信息，覆盖面极其宽广；二是应用范围宽，适合于各行各业的在线信息推广，没有限制；三是实施精准投放，借助大数据、用户需求定向和智能投放等技术将信息准确推送至目标用户，快速提升企业与产品品牌的影响力。

2. 百度推广的步骤

百度推广有三个步骤：一是申请开立，企业加入百度推广需要建立一个网站，或者在其他企业平台上建立网页，提交营业执照、ICP 备案、行业资质等材料，通过资质审核后签订合同，缴纳首次开户费用，获取百度推广账户；二是确定推广信息，企业制作由关键词或创意构成的推广方案；三是发布推广信息，企业登录百度推广平台，输入关键词或发送广告进行推广。

(四) 视频营销

视频营销是指基于视频互联网网站，以内容为核心、创意为导向，利用精细策划的视频内容实现产品营销与品牌传播的推广方式。视频营销有电视广告、网络视频、宣传片、微电影等形式，其具有品牌化、网络化和广告内容化的特征。

1. 视频营销的特点

视频营销是“视频”与“互联网”的结合，具有两个方面的特点；一是直观性、生动性和全面性，通过电视广告、网络视频等方式进行推广，不仅可以形式多样，还可以发掘营销内容的亮点进行尽情创意，能产生较强的感染力，从而能有效吸引潜在买家进入店铺；二是具有便捷性、精准性和低成本的特点，通过互联网进行视频推广，不仅传播速度快、互动性强，而且能实现精准传播，提高成交率，降低推广成本。

2. 视频营销的步骤

视频营销有三个步骤：一是根据企业经营目标和客户群，选择视频网站，如YouTube等；二是确定推广产品，设计视频推广方案，并制作视频；三是登录视频网站，输入合适的关键字，发送视频广告，通过对产品介绍、产品使用和产品评价等形式来提升客户对产品和品牌的认可度，从而达成产品的交易。

(五) 网络直播营销

网络直播营销是指以电商平台、内容平台、社交平台等直播营销平台为载体，通过网络视频(或电商主播)直接播出产品的性能、款式、材料和质量等内容来进行宣传，能让观看的买家以最快、最直接的方式了解产品，并产生意向订单的促销方式。网络直播有PC端与移动端两种直播平台，可以在外贸生产企业、国际贸易公司、进出口商品交易会等场地或直播间进行播放，也可以通过链接网络直播营销平台进行，能有效提升购买转化率。

1. 网络直播营销的特点

网络直播营销除了具有互联网的特征以外，还有三个方面的特点；一是直观展示，网络直播使用图像、声音、文字等多种传播符号，讲求同步时效，商品展示与销售信息实时发布能给受众一种身临其境的感觉，进而增加其关注度；二是多元互动，观看直播的受众能在线与主播进行实时互动，也可由主播与多个受众进行实时互动，进而达到有效的沟通，增加成功交易率；三是立体化体验，随着VR、大数据和人工智能技术的应用，交互体验方式呈现了多样性，受众的参与感得到了提升。

2. 网络直播营销的步骤

先在现场架设独立的信号采集设备(音频+视频)导入导播端(导播设备或平台)，再通过网络上传至服务器，发布至网址供人观看。

四、认知跨境电商支付方式

跨境电商支付方式主要有以下五种类型：

(一) 汇款结算

汇款结算是指付款人主动通过银行或其他途径将款项汇给收款人。在跨境贸易电子商务交易中，一般由进口方买家按协议约定的条件，将货款通过银行寄给卖家。汇款人在委托汇出行办理汇款时，要填写汇款申请书，汇出行接受申请后按申请书中的指示发出付款委托书，通过汇入行解付汇款。汇出行与汇入行之间订有代理契约，汇入行在代理契约规定的范围内承担解付汇款的义务。

（二）托收结算

托收结算是指卖家根据协议的规定在出库装运后，开具汇票连同货运单据委托银行代向买家收取货款的一种方式。

（三）信用证结算

信用证结算是指买家根据协议的规定主动请示进口地银行向卖家开立信用证，对自己的付款责任作出保证。在卖家按照信用证条款履行义务后，凭信用证向银行进行货款结算。

（四）第三方支付平台结算

第三方支付平台结算是指第三方支付平台以中介机构，根据支付协议的规定在卖家与买家之间进行收付款的资金转移服务。

（五）网银线上结算

网上银行简称为网银，网银线上结算是指银行根据客户的要求，通过互联网在收付款人之间转移货币资金的行为，包括货币汇兑、互联网支付。

五、熟知跨境电商物流企业配送

（一）国际运输服务企业

国际运输服务企业是指以营利为目的，使用民用航空器、轮船、火车和汽车等交通工具，在国家或地区之间运送旅客、行李、邮件或者货物的公司，如中国对外贸易运输（集团）总公司、中国东方航空股份有限公司、马士基（中国）航运股份有限公司、中国铁路股份有限公司、上海汽车运输股份有限公司。

（二）跨境物流服务企业

跨境物流服务企业是指按照货主的要求开展运输、储存、装卸、包装、流通加工、配送、报检报关等业务，实行独立核算并承担民事责任的经济组织。

（三）国际货运代理服务企业

国际货运代理服务企业是指接受进出口货物收货人、发货人的委托，以委托人的名义或者以自己的名义，为委托人办理国际货物运输及相关业务，收取服务报酬，实行独立核算并承担民事责任的经济组织。国际货运代理公司可分为一级、二级、三级国际货运代理有限公司，其中一级代理可以直接在航空公司或船公司或铁路公司订舱，二级代理只能在一级代理公司订舱，三级代理必须在二级代理公司订舱。

（四）国际快递服务企业

主要国际快递服务企业有 UPS、DHL、FedEx 等。以下分别介绍：

UPS（United Parcel Service）译为联合包裹速递服务公司，由詹姆斯·E.凯西于 1907 年成立，总部位于佐治亚州亚特兰大市，2015 年在世界 500 强排行榜中被列为第 168 位。UPS 有美国国内包裹、国际包裹、供应链及货物三个经营部门：美国国内包裹部门的业务包括在美国寄送信件、文件和包裹，亦提供定制包裹配送解决方案；国际包裹部门则向全球 200 个国家和地区寄送国际货物，提供进口、出口与国内服务以及通关服务；供应链及货物部门提供货运代理服务和物流服务，包括供应链设计与管理、货物配送和报关服务，还在北美提供零担运输和满载运输服务以及咨询与专业服务。1988 年 UPS 进入中国市场，为中国客户提供国际快递承运、国际货运(空运、海运)、仓储服务和物流咨询等服务，先后成立了 UPS 上海国际转运中心、UPS 深圳国际转运中心。使用 UPS 从中国寄包裹到美国，最快可在 48 小时内到达。

DHL 又称敦豪航空货运公司，成立于 1969 年，是全球著名的邮递和物流集团 Deutsche Post DHL 旗下公司，公司名称由三位创始人姓氏的首字母组成(Dalsey，Hillblom 和 Lynn)。DHL 拥有世界上最完善的速递网络，可以到达 220 个国家和地区的 12 万个目的地。1986 年 12 月 DHL 与中国对外贸易运输集团总公司合资成立了中外运敦豪国际航空快件有限公司，2007 年 1 月进入中国国内的货物空运业务。其经营业务主要包括：国际快递；电子商务；空运、海运、公路和铁路方式全球货运；供应链解决方案；全球邮件送达。中外运敦豪国际航空快件有限公司在中国的市场占有率达到 36%，成为我国航空快递业的老大。

FedEx 译为联邦快递，由前美国海军陆战队队员 Frederick W. Smith 于 1971 年在美国阿肯色州创立，是全球最具规模的快递运输公司。联邦快递运用覆盖全球的航空和陆运网络，致力于提供快捷可靠的速递服务，确保货件可于指定日期和时间前迅速送达，并且设有“准时送达保证”。2005 年 3 月联邦快递率先开通了全球航空速递运输业内首条中国大陆直飞欧洲的航线。2006 年 1 月联邦快递投资 1.5 亿美元，在广州白云机场动工建设亚太转运中心。同时和天津大田集团有限公司合资成立了大田-联邦快递有限公司。联邦快递每星期可提供 26 班货机往返中国，提供了业内无可比拟的跨太平洋空运速递服务。2007 年 5 月联邦快递在中国正式推出国内限时服务业务。2012 年 9 月国家邮政局批准联邦快递(中国)有限公司、优比速包裹运送(广东)有限公司经营国内快递业务。

(五) 中国邮政速递物流企业

中国邮政速递物流股份有限公司简称中国邮政速递物流、EMS，拥有邮政货运航空公司、中邮物流有限责任公司等子公司，业务范围遍及全球 200 余个国家和地区，营业网点超过 4.5 万个。主要业务有以下三类：

第一类：中国邮政航空小包业务，又称邮政小包、航空小包，是指包裹重量在 2 千克以内，外包装长宽高之和小于 90 厘米，且最长边小于 60 厘米，通过邮政空邮服务寄往国外的小邮包。航空小包有挂号、平邮两种服务，其中挂号服务费率稍高，可网上跟踪查询，能送达全球任何一个国家或地区的客户手中，并且资费低，适用 eBay、敦煌网等电子商务平台。

第二类：EMS(Express Mail Service)译为邮政特快专递服务，是由万国邮政联盟(UPU)管理下的、在中国境内由中国邮政提供的国际邮件快递服务，为用户传递国际、国内紧急信函、文件资料、金融票据、商品货样等各类文件资料和物品。EMS 依托中国邮政航空公司，建立了以南京为集散中心的全夜航航空集散网、高效发达的邮件处理中心、中国邮政航空速递物流集散中心，能限时送达，同时，还建立了信息平台，与万国邮政联盟查询系统链接，通过网站、短信、电话进行实时信息查询，进行全球跟踪。

第三类：中国邮政航空大包业务，简称中国邮政大包、航空大包，适合邮寄体重在 2 千克以上并对时效性要求不高的包裹。中国邮政航空大包业务价格比中国邮政小包、EMS 稍低，并提供中国邮政网查询服务，可全程跟踪。

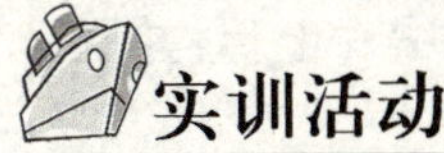

实训活动

一、活动背景

根据自愿组合的原则，由 6 名学生组成一家模拟跨境电商公司——上海三井跨境电商有限公司，根据平台产品发布等相关规则上传产品图片，提供产品的销售价格、销售数量、包装方式、交货时间、运输公司、运费等相关信息，供买家选择、询盘并下订单。

二、实训资料

选择类目：鞋帽
产品标题：根据选品的相关信息
产品关键词：根据选品的相关信息
产品基本属性：根据选品的相关信息
产品规格：根据选品的相关信息
尺码表：根据选品的相关信息
销售计量单位：根据销售产品的相关信息
销售方式：根据销售产品的相关信息
备货状态：根据销售产品的市场供求关系自拟
备货期：根据销售产品的市场供求关系自拟
备货总量：根据销售产品的市场供求关系自拟

产品价格区间：根据销售产品市场价格自拟

上传产品图片：4 张

商品分级管理：非成人属性

产品简短描述：根据销售产品的相关信息

产品详细描述：根据销售产品的相关信息

产品视频链接：1 分钟鞋帽相关产品视频拍摄与剪辑以及填写产品包装信息

包装后重量：根据销售产品的相关信息

包装后尺寸：根据销售产品的相关信息

产品有效期：30 天

售后服务内容：无理由退换

三、实训要求

上海三井跨境电商有限公司根据上述实训资料完成商品图片上传，并制作 PPT 对该操作体验进行汇报。

活动评价

请上海三井跨境电商有限公司全体伙伴根据实训活动情况进行测评，填写下列团队活动测评表。

团队活动测评表

<table>
<tr><th>测评内容</th><th>评判标准/分值</th><th>总　分</th><th>自评分</th></tr>
<tr><td rowspan="12">实训操作情况</td><td>产品基本信息/ 正确/ 10 分</td><td rowspan="2">10</td><td rowspan="2"></td></tr>
<tr><td>产品基本信息/ 错一个/ 扣 2 分</td></tr>
<tr><td>产品销售信息/ 正确/ 10 分</td><td rowspan="2">10</td><td rowspan="2"></td></tr>
<tr><td>产品销售信息/ 错一个/ 扣 2 分</td></tr>
<tr><td>产品内容描述/ 正确/ 10 分</td><td rowspan="2">10</td><td rowspan="2"></td></tr>
<tr><td>产品内容描述/ 错一个/ 扣 2 分</td></tr>
<tr><td>产品包装信息/ 正确/ 10 分</td><td rowspan="2">10</td><td rowspan="2"></td></tr>
<tr><td>产品包装信息/ 错一个/ 扣 2 分</td></tr>
<tr><td>运费设置/ 正确/ 10 分</td><td rowspan="2">10</td><td rowspan="2"></td></tr>
<tr><td>运费设置/ 错一个/ 扣 5 分</td></tr>
<tr><td>售后服务模块设置/ 正确/ 10 分</td><td rowspan="2">10</td><td rowspan="2"></td></tr>
<tr><td>售后服务模块设置/ 错一个/ 扣 5 分</td></tr>
</table>

续表

测评内容	评判标准/分值	总　分	自评分
PPT 专题汇报	PPT 设计制作/ 好/ 10 分	10	
	PPT 设计制作/ 一般/ 6 分		
	PPT 设计制作/ 较差/ 3 分		
	语言表达/ 好/ 10 分	10	
	语言表达/ 一般/ 6 分		
	语言表达/ 较差/ 3 分		
合作完成质量	达到目标/ 好/ 10 分	10	
	达到目标/ 一般/ 6 分		
	达到目标/ 较差/ 3 分		
团队协作精神	协作精神/ 好/ 10 分	10	
	协作精神/ 一般/ 6 分		
	协作精神/ 较差/ 3 分		
计　分			

指导教师评价表

评价项目	评价内容	评价意见
产品基本信息填写	1. 输入信息是否正确 2. 输入信息是否齐全完整	
产品销售信息填写	1. 输入信息是否正确 2. 输入信息是否齐全完整	
产品内容描述	1. 输入信息是否正确 2. 输入信息是否齐全完整	
产品基本信息填写	1. 输入信息是否正确 2. 输入信息是否齐全完整	
产品包装信息填写	1. 输入信息是否正确 2. 输入信息是否齐全完整	
运费设置	1. 输入信息是否正确 2. 输入信息是否齐全完整	

续表

评价项目	评价内容	评价意见
售后服务模块设置	1. 输入信息是否正确 2. 输入信息是否齐全完整	
PPT 汇报效果	1. PPT 设计制作是否美观 2. 文字描述是否精练 3. 语言表达是否流畅 4. 汇报效果是否良好	

项目二

跨境电子商务沙盘实训操作

实训一　认知跨境电子商务电子沙盘

实训背景

跨境电子商务沙盘是模拟跨境电子商务运营过程，通过具体的操作与管理等方面的实训，提高学生的业务操作、运营管理、协助精神、综合素质等方面的能力和素养。在开展跨境电子商务电子沙盘实训操作之前，需要学生了解相关设备开启与关闭的知识，熟悉沙盘的架构及不同的部门，对沙盘的具体功能、操作方法和操作要求有一个初步的认识。

实训目的

通过本单元的实训教学，学生可以掌握跨境电子商务电子沙盘设备电源的开启与关闭的方法以及系统的登录与退出操作。

实训环境

本项目实训教学内容是在跨境电子商务实训室进行操作完成，实训室包括融智室、辅导室和操作室三个区域，四周墙面布置了商务发展历史的10多块展板，形成了一定的商务文化的氛围。操作室区域内安置了8台电子沙盘设备，每台电子沙盘设备都配置了跨境电子商务电子沙盘软件。

操作指南

一、开启与关闭电子沙盘系统

(一) 电子沙盘设备电源操作

跨境电子商务电子沙盘设备左下方处有一个按钮(见图2-1-1)，用手指按一下，即打开电子沙盘设备电源，再按一下，即关闭电子沙盘设备电源。

图 2-1-1　电子沙盘设备按钮界面

(二) 电子沙盘系统开启操作

使用触屏笔双击桌面中的“跨境电商”快捷方式（见图 2-1-2），打开跨境电子商务电子沙盘软件 V2.0。

图 2-1-2　跨境电商电子沙盘快捷方式界面

打开跨境电子商务电子沙盘软件后，在沙盘界面的“登录”框内（见图 2-1-3）输入用户名（公司名称）和密码（见图 2-1-4），点击“确定”按钮，进入跨境电子商务综合平台界面（见图 2-1-5）。

图 2-1-3 跨境电商登录界面

图 2-1-4 用户名和密码输入界面

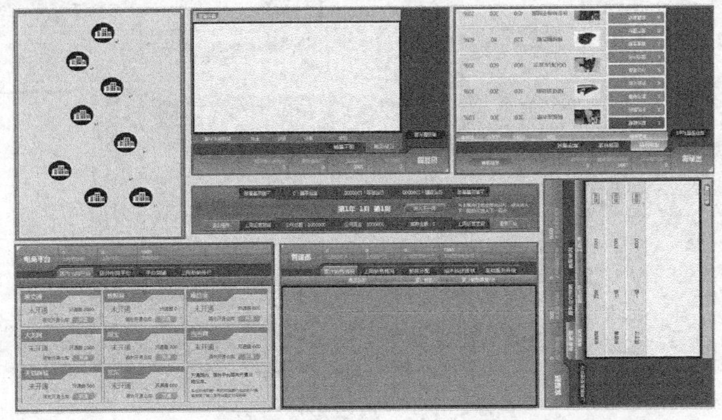

图 2-1-5 跨境电子商务综合平台界面

(三) 电子沙盘系统关闭操作

在未登录前,可以在界面中点击右下角的“退出”按钮(见图 2-1-6),可直接退出系统。在登录后,需要关闭跨境电子商务电子沙盘软件,可用触屏笔点击控制界面中的“退出程序”按钮(见图 2-1-7),直接退出系统。

图 2-1-6 退出界面

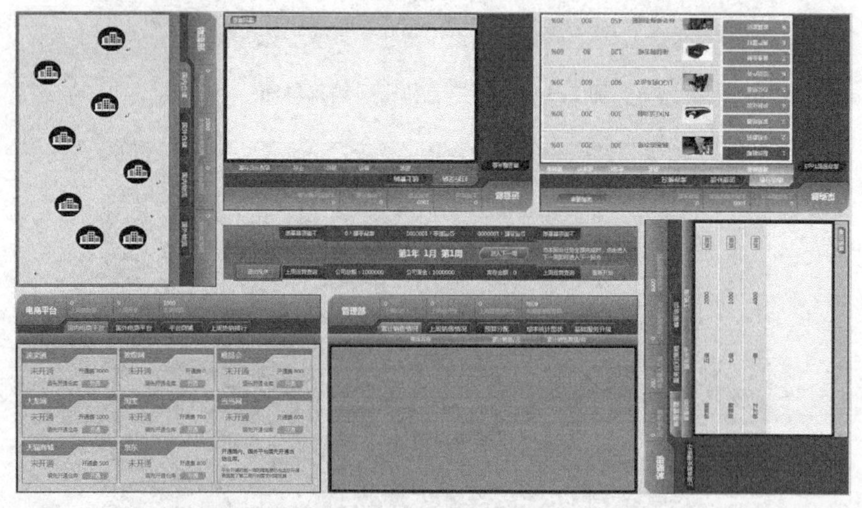

图 2-1-7 退出程序界面

二、熟知电子沙盘界面结构

跨境电子商务电子沙盘界面分为两大模块：一是跨境电子商务公司，其设置了管理部、采购部、物流部、客服部、运营部，可协同完成一笔出口跨境电子商务业务操作；二是第三方跨境电商企业，其设置了国内第三方电子商务平台和国外第三方电子商务平台。

(一) 跨境电子商务公司部门功能认知

1. 管理部

管理部界面设置了“上周总收入”“上周总开支”“上周管理部开支”“本周管理部预算”四个功能，并显示收入、开支、预算等信息。功能栏下方设置了“累计销售情况”“上周销售情况”“预算分配”“成本统计图状”“基础服务升级”五个菜单(见图2-1-8)。

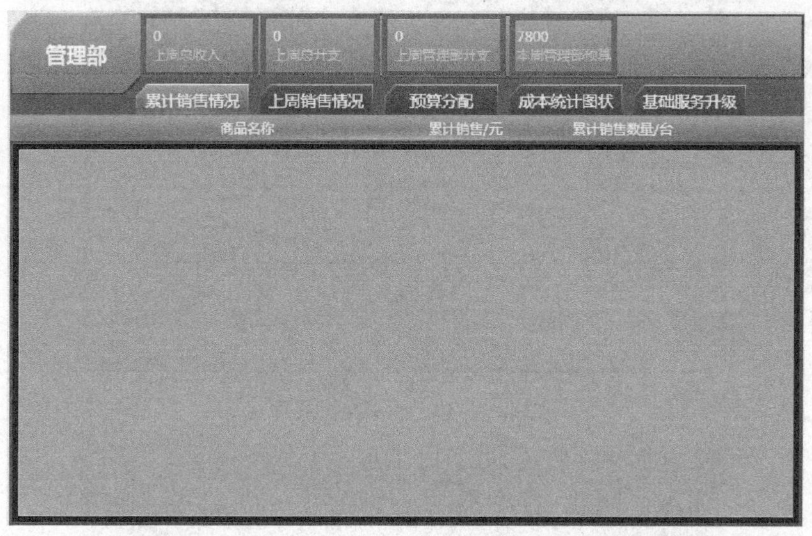

图 2-1-8 管理部菜单界面

在管理部界面中，点击“累计销售情况”按钮，显示商品名称、累计销售额、累计销售数量；点击“上周销售情况”按钮(见图 2-1-9)，显示商品名称、累计销售额、累计销售数量；点击“预算分配”按钮(见图 2-1-10)，显示总体情况(上周实际开支、本周总预算)、各部门预算(采购部、管理部、客服部、物流部、市场部、销售部)；点击“成本统计图状”按钮(见图 2-1-11)，显示成本统计图状数据；点击“基础服务升级”按钮(见图 2-1-12)，显示需要升级的安全云盾、网络带宽、存储内存、容灾设备、线下安防等系统服务及所需费用。

图 2-1-9　上周销售情况界面

图 2-1-10　预算分配界面

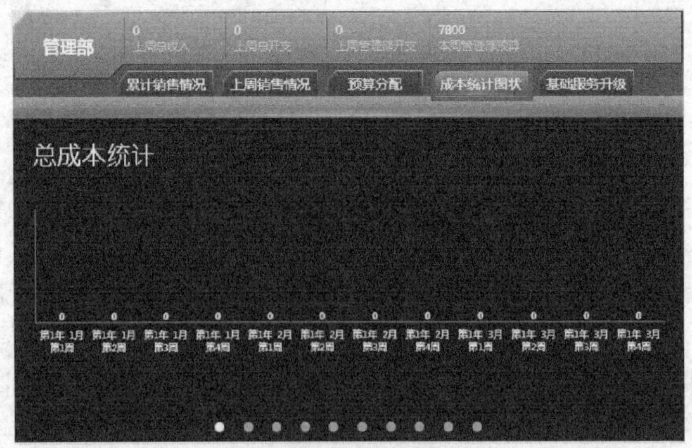

图 2-1-11　成本统计图状界面

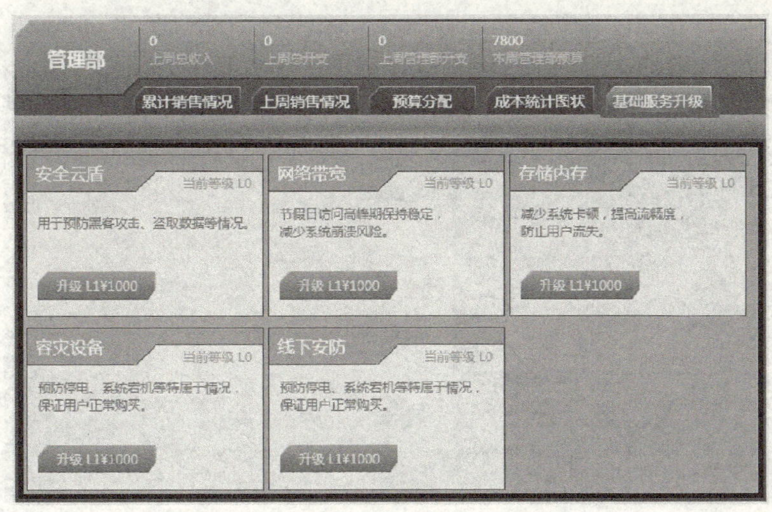

图 2-1-12　基础服务升级界面

2. 采购部功能

采购部界面设置了“上周采购支出”“本周采购部预算”“库存金额”“采购清单”四个功能(见图 2-1-13),并显示相关信息。

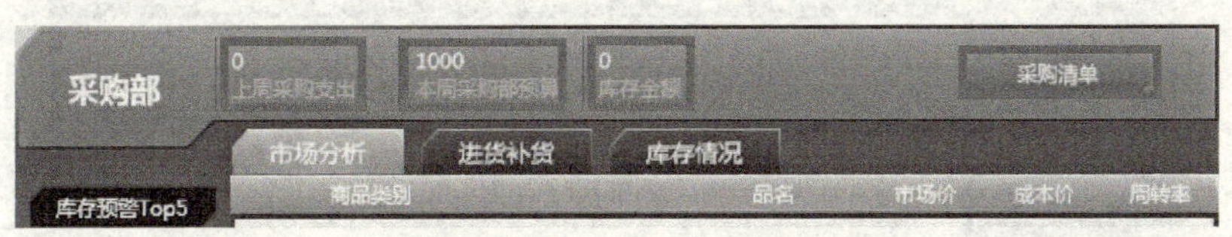

图 2-1-13　采购部功能界面

在采购部界面中,点击“市场分析”按钮(见图 2-1-14),显示商品类别、品名、市场价、成本价和周转率相关信息;点击“进货补货”按钮(见图 2-1-15),显示商品类别、品名、市场价、成本价和库存数量;点击“库存情况”按钮(见图 2-1-16),显示商品品名、商品规格和库存数量。

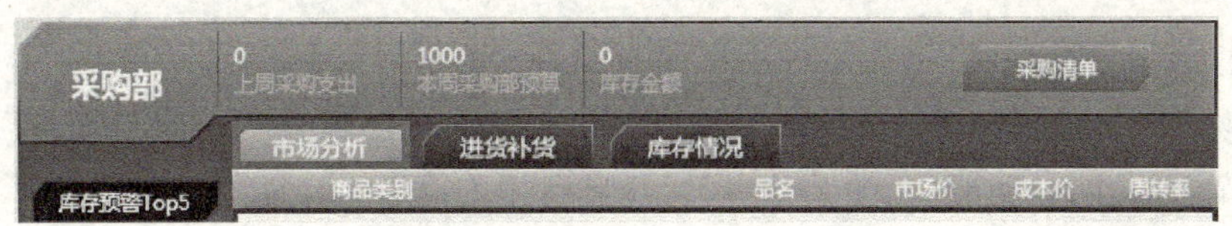

图 2-1-14　市场分析界面

图 2-1-15　进货补货界面

图 2-1-16　库存情况界面

3. 物流部功能

物流部界面设置了“上周物流部开支”“本周物流部预算”“仓库总面积”“已使用仓库面积”四个功能(见图 2-1-17),并显示相关信息。功能栏下方设置了“国内仓储”“国外仓储”“国内物流”“国外物流”四个菜单。点击“国内仓储”按钮(见图 2-1-18),显示国内仓储城市地理位置信息;点击“国外仓储”按钮(见图 2-1-19),

显示国外仓储城市地理位置信息；点击“国内物流”按钮（见图 2-1-20），显示物流团队、雇佣价格、数量、总价相关信息；点击“国外物流”显示物流团队、雇佣价格、数量、总价相关信息（见图 2-1-21）。

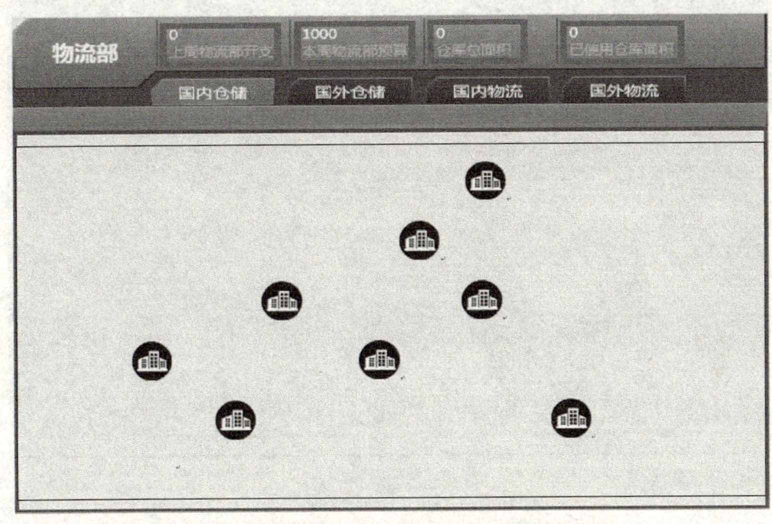

图 2-1-17　物流部功能界面

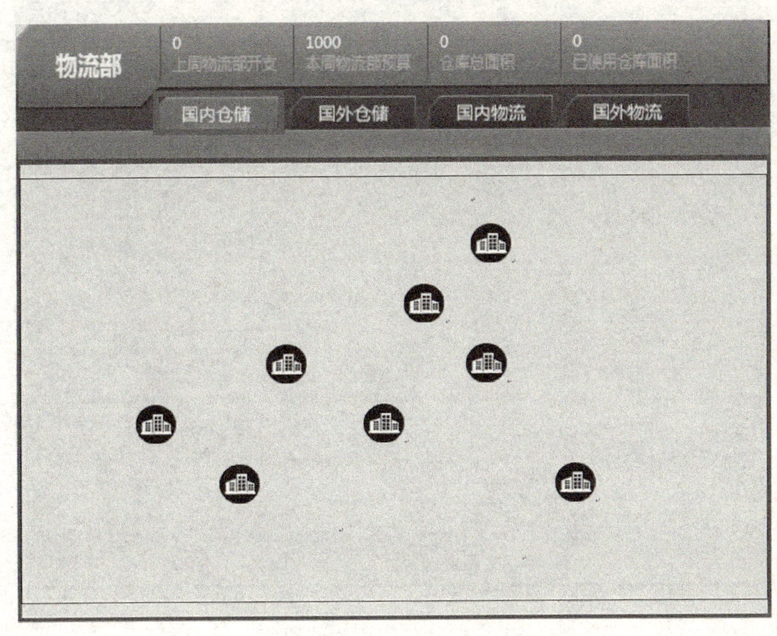

图 2-1-18　国内仓储界面

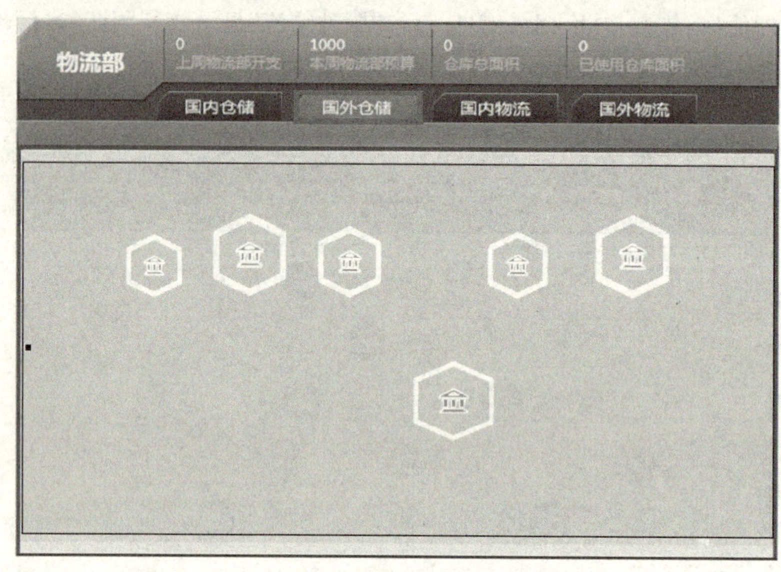

图 2-1-19　国外仓储界面

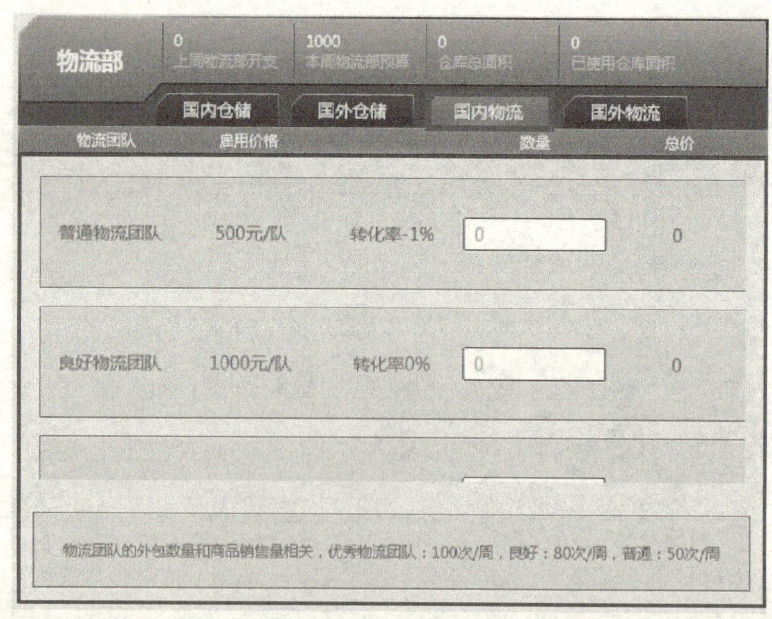

图 2-1-20　国内物流界面

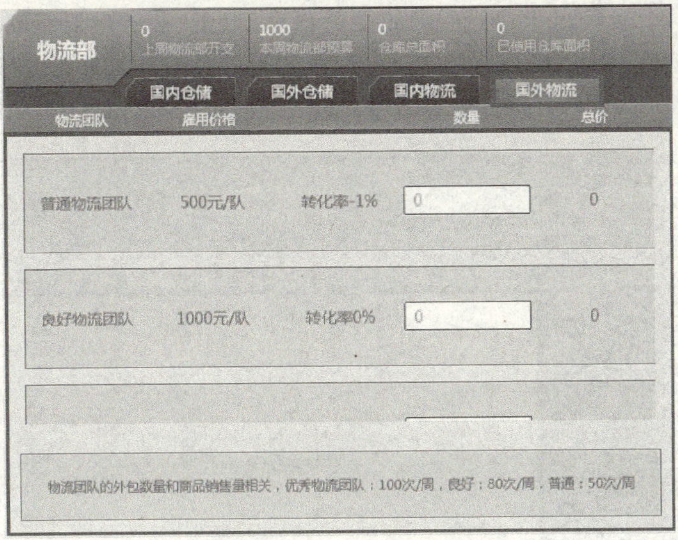

图 2-1-21　国外物流界面

4. 客服部功能

客服部界面设置了“用户反馈量”“客服最大负载”“上周客服部支出”“本周客服部预算”四个功能(见图 2-1-22),并显示相关信息。功能栏下方设置了“客服管理”“服务应对策略”“客服培训”三个菜单。点击“客服管理”按钮(见图 2-1-23),

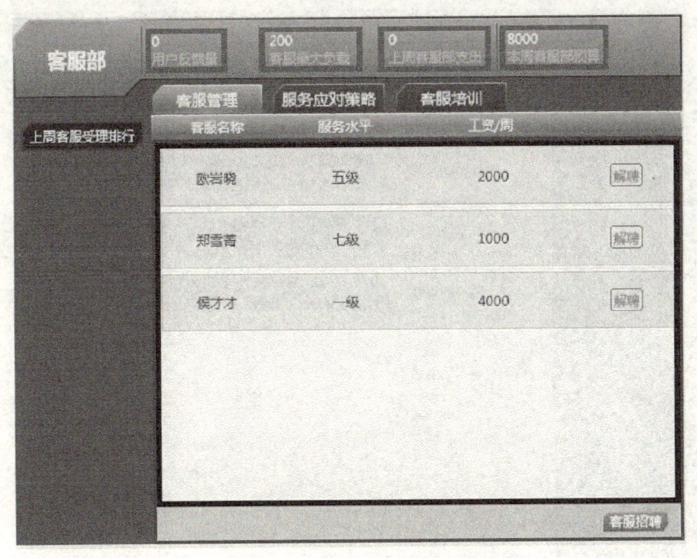

图 2-1-22　客户部功能界面

显示客服名称、服务水平、工资/周的相关信息；点击"服务应对策略"按钮(见图2-1-24)，显示产品咨询类、产品故障类、问题投诉类的对策及支出水平；点击"客服培训"按钮(见图2-1-25)，显示客服名称、服务水平及培训目标的相关信息。

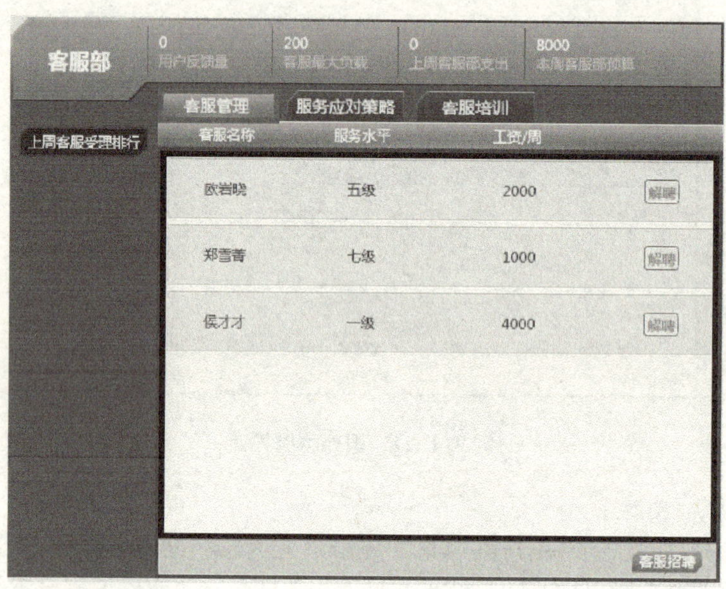

图 2-1-23　客户管理界面

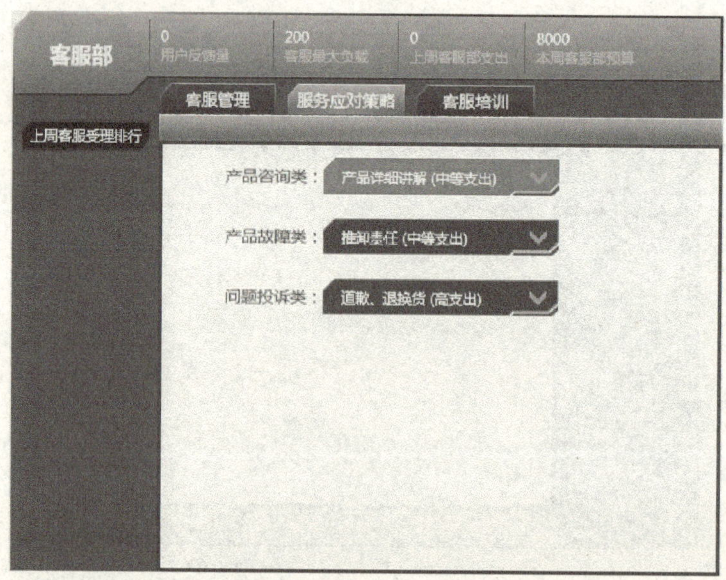

图 2-1-24　服务应对策略界面

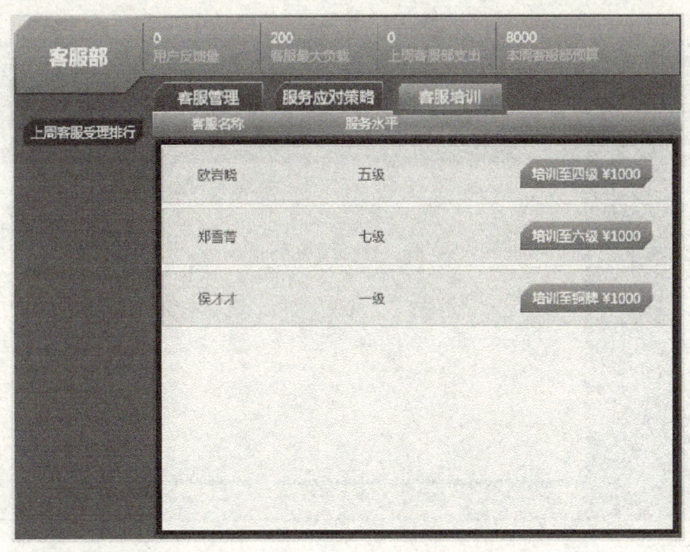

图 2-1-25　客服培训界面

5. 运营部功能

运营部界面设置了“上周支出”“本周预算”“上周曝光量”“本周预计曝光量”四个功能(见图 2-1-26),并显示相关信息。功能栏下方设置了“打折促销”“线上营销”两个菜单。点击“打折促销”按钮(见图 2-1-27),显示品名、售价、进价、平台、选择折扣力度相关信息;点击“线上营销”按钮(见图 2-1-28),显示电视直播、电视广告、网络广告相关信息。

图 2-1-26　运营部功能界面

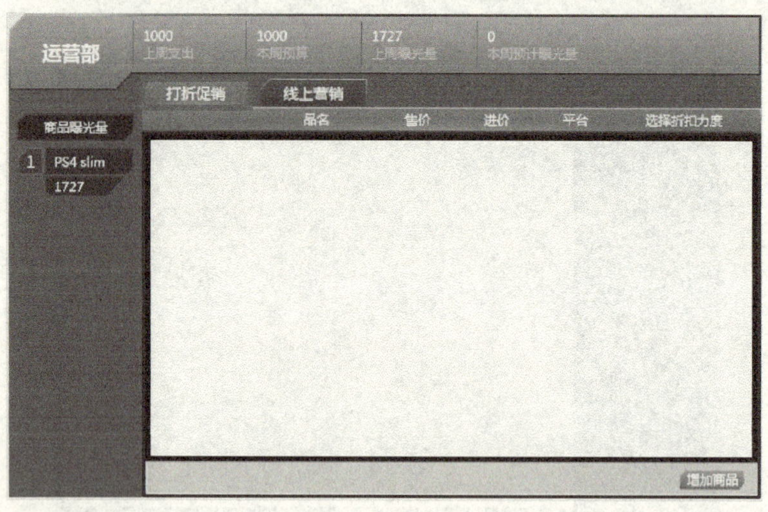

图 2-1-27　打折促销界面

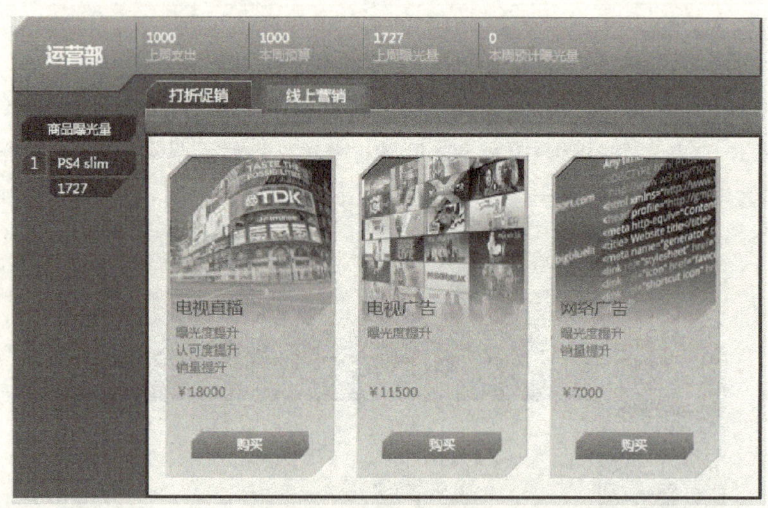

图 2-1-28　线上营销界面

(二) 第三方跨境电子商务平台认知

1. 第三方跨境电商平台功能

第三方电子商务平台界面设置了“上周销售额”“上周开支”“本周预算”三个功能(见图 2-1-29)，并显示相关信息。功能栏下方设置了“国内电商平台”“国外电商平台”“平台商铺”“上周热销排行”四个菜单。点击“国内电商平台”按钮(见图

2-1-30)，显示国内第三方跨境电商平台 8 家企业；点击“国外电商平台”按钮(见图 2-1-31)，显示国外第三方跨境电商平台 6 家企业；点击“平台商铺”按钮(见图 2-1-32)，显示平台名、品名、售价、进价、数量和上架商品的相关信息；点击“上周热销排行”按钮(见图 2-1-33)，显示品名、售出数量和售价的相关信息。

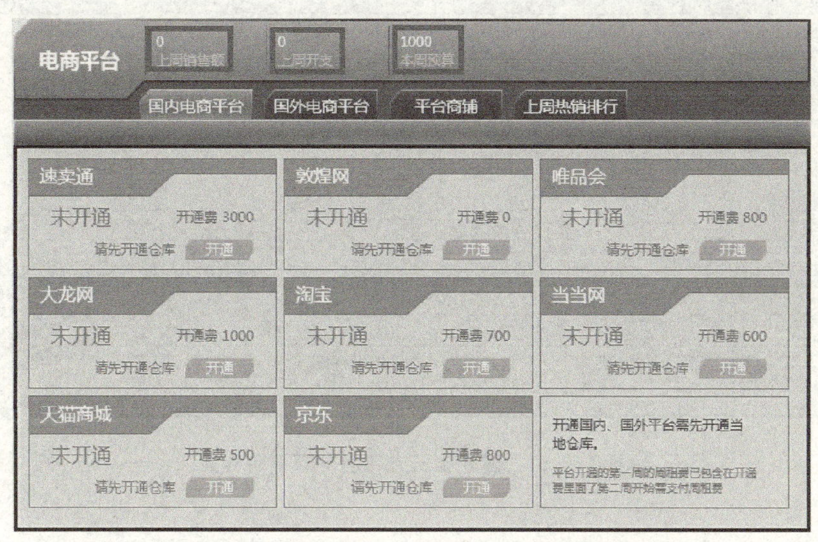

图 2-1-29　第三方跨境电商平台功能界面

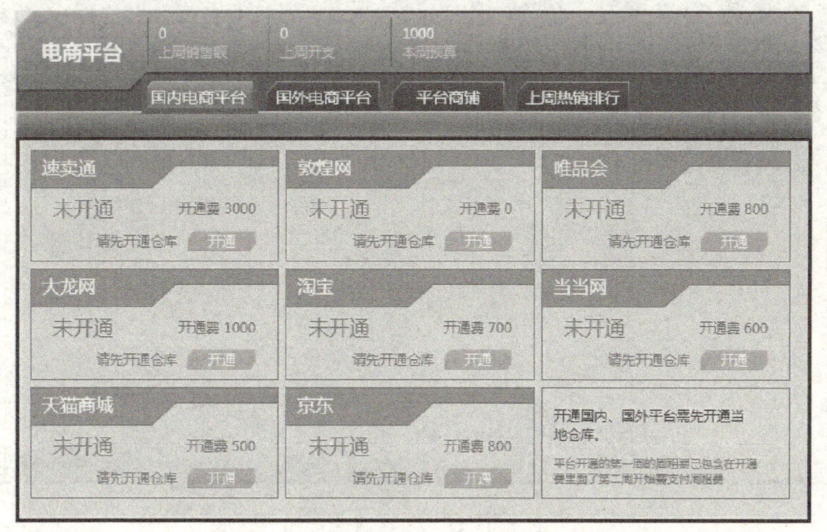

图 2-1-30　国内第三方跨境电商平台界面

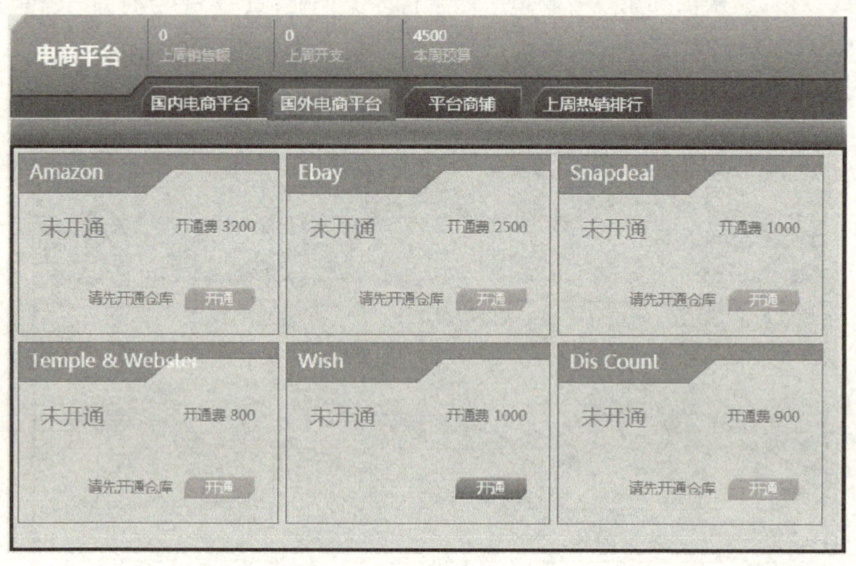

图 2-1-31　国外第三方跨境电商平台界面

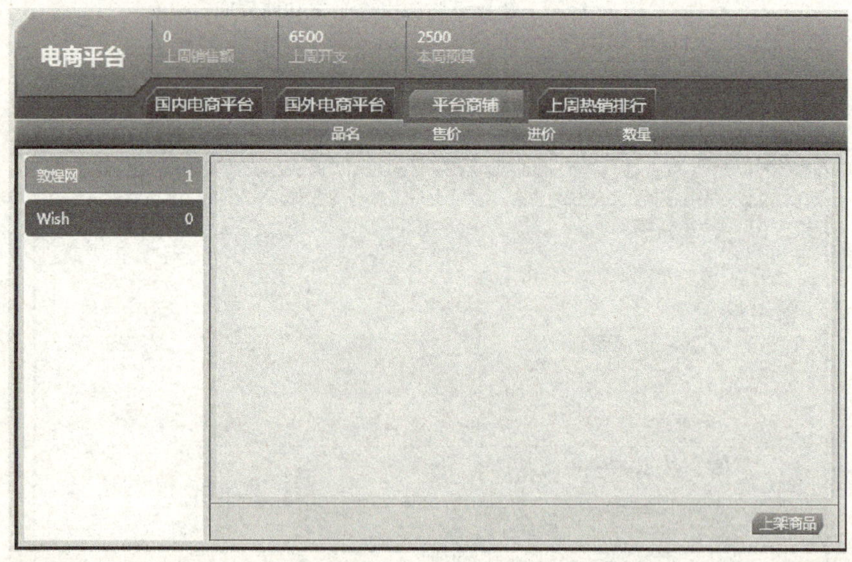

图 2-1-32　平台商铺界面

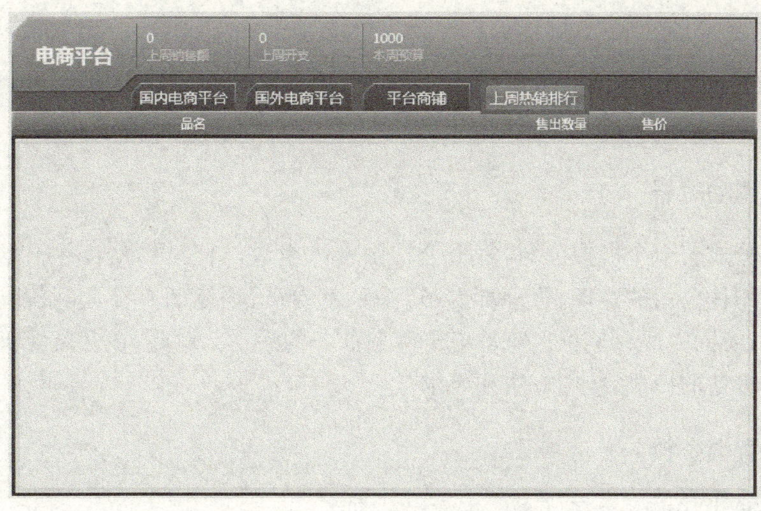

图 2-1-33　上周热销排行界面

(三) 电子沙盘运营控制设置认知

跨境电子商务电子沙盘界面中设置了显示当前运营时间功能、“上周运营查询”、“进入下一周”、“重新开始”、“退出程序”五个功能(见图 2-1-34)。点击“上周运营查询”按钮(见图 2-1-35),显示各项费用支出和需处理的现状;点击“进入下一周”按钮,开始下一周运营;点击“重新开始”按钮,回到系统初始界面;点击“退出程序”按钮,即退出电子沙盘系统。

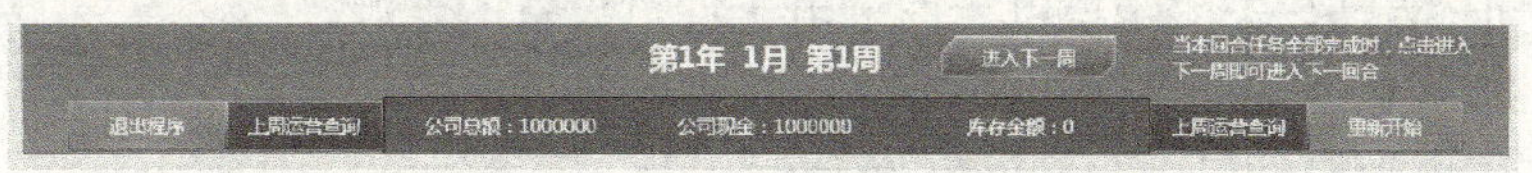

图 2-1-34　电子沙盘运营控制功能界面

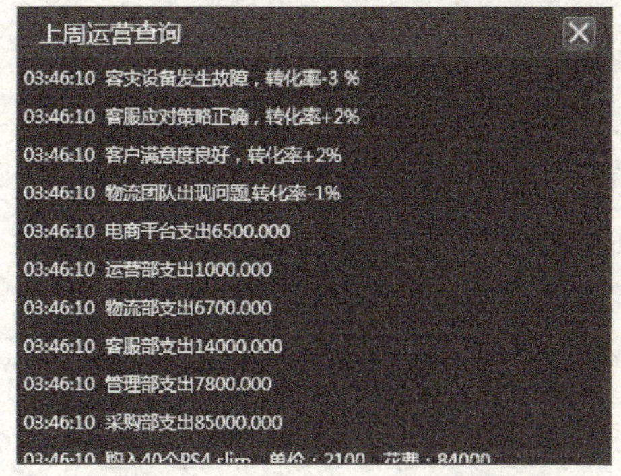

图 2-1-35　上周运营查询功能界面

实训活动

一、活动背景

全班分成若干个模拟公司，每个公司由 6 人组成，给公司命名，并根据自愿的原则分别担任公司的经理、管理部专员、采购部专员、物流部专员、客服部专员、运营部专员，协同完成一笔出口跨境电子商务业务的活动。对此，在开展实训操作之前要了解设备的构成、使用方法和要求。

二、实训资料

1. 跨境电子商务电子沙盘实训室设备开关
2. 跨境电子商务电子沙盘设备电源开关
3. 跨境电子商务电子沙盘软件登录退出

三、实训要求

请每一家模拟公司全体伙伴根据实训资料及实训要求开展实训活动，并就实训活动的体会制作 PPT，推选一人进行汇报。具体要求如下：

(1) 正确开启、关闭跨境电子商务电子沙盘实训室的总电源。

(2) 正确开启、关闭跨境电子商务电子沙盘设备的电源。

(3) 正确登录、退出跨境电子商务电子沙盘软件。

(4) 正确掌握触屏笔和触屏操作方法。

活动评价

请每一家模拟公司全体伙伴根据实训活动情况进行测评，填写下列团队活动测评表。

团队活动测评表

测评内容	评判标准/分值	总　分	自评分
实训操作情况	总电源开启关闭/ 正确/ 15 分	15	
	总电源开启关闭/ 不正确/ 0 分		

续表

测评内容	评判标准/分值	总　分	自评分
实训操作情况	沙盘设备电源开启关闭/ 正确/ 15 分	15	
	沙盘电源开启关闭/ 不正确/ 0 分		
	软件登录退出/ 正确/ 15 分	15	
	软件登录退出/ 不正确/ 0 分		
	触屏笔使用方法/ 正确/ 15 分	15	
	触屏笔使用方法/ 不正确/ 0 分		
PPT 专题汇报	PPT 设计制作/ 好/ 10 分	10	
	PPT 设计制作/ 一般/ 6 分		
	PPT 设计制作/ 较差/ 3 分		
	语言表达/ 好/ 10 分	10	
	语言表达/ 一般/ 6 分		
	语言表达/ 较差/ 3 分		
合作完成质量	达到目标/ 好/ 10 分	10	
	达到目标/ 一般/ 6 分		
	达到目标/ 较差/ 3 分		
团队协作精神	协作精神/ 好/ 10 分	10	
	协作精神/ 一般/ 6 分		
	协作精神/ 较差/ 3 分		
计　　分			

指导教师评价表

评价项目	评价内容	评价意见
实训室总电源开启关闭	1. 实训室管理制度是否了解 2. 总电源开启关闭是否掌握	
沙盘设备电源开启关闭	1. 沙盘电源知识是否了解 2. 沙盘电源开启关闭是否掌握	
电子沙盘软件登录退出	1. 沙盘软件登录退出是否了解 2. 沙盘软件登录退出操作是否掌握	

续表

评价项目	评价内容	评价意见
触屏笔 使用方法	1. 触屏笔使用方法是否了解 2. 触屏操作方法是否掌握	
PPT 汇报效果	1. PPT 设计制作是否精良 2. 文字描述是否精练 3. 语言表达是否通畅 4. 汇报效果是否有效	

实训二 选择跨境电商平台

实训背景

在跨境电子商务活动中，商品交易是通过自营电子商务平台或第三方电子商务平台来完成的。第三方跨境电子商务平台是指根据交易规范在线为境内外的企业或个人提供产品和服务等信息，通过平台完成搜索、咨询、营销、下单、支付、物流等整个交易环节，以收取佣金或服务费为主要盈利模式的独立法人。在开展跨境电子商务活动前，先要了解国内外主要第三方跨境电子商务平台、平台类型、平台规模和平台特色，掌握选择第三方跨境电子商务平台的原则与依据。跨境电子商务平台选择是让学生了解跨境电子商务电子沙盘软件所设置的国内第三方电子商务平台、国外第三方电子商务平台的类型及所提供的服务和特色，结合入驻平台公司的经营目标选择合适的第三方电子商务平台。

实训目的

通过本单元的实训教学，学生应了解敦煌网、全球速卖通等国内第三方跨境电子商务平台，以及亚马逊、易贝、Snapdeal 等国外第三方跨境电子商务平台的品牌、交易规则、经营规模、服务内容和经营特色，具备选择第三方跨境电子商务平台的基本能力。

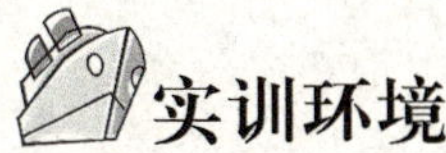

实训环境

本项目实训教学内容是在跨境电子商务实训室进行操作完成，实训室包括融智室、辅导室和操作室三个区域，四周墙面布置了商务发展历史的 10 多块展板，形成了一定的商务文化氛围。操作室区域内安置了 8 台电子沙盘设备，每台电子沙盘设备都配置了跨境电子商务电子沙盘软件。

操作指南

一、跨境电商平台交易模式

根据交易主体的不同，跨境电子商务运营模式可区分为以下三类：

(一) B2B 运营模式

B2B(Business to Business)：B 是 Business 的简称，意为生产商或零售商；2 则是 to 的谐音。B2B 是指供需双方生产商或零售商之间利用互联网技术，通过跨境电商交易平台完成货物买卖的一种运营模式。由此而见，交易双方的主体是来自上游的生产商和下游的零售商或生产企业。

(二) B2C 运营模式

B2C(Business to Customer)：B 是 Business 的简称，意为生产商或零售商；2 则是 to 的谐音；C 是 Customer 的简称，意思是消费者。B2C 是指供方是境内生产商或零售商，需方是境外消费者，通过跨境电商交易平台完成货物买卖的一种运营模式。即生产商或零售商通过第三方或自营跨境电商交易平台为消费者提供一个购物环境——网上商店，消费者通过在线购物、网上支付完成消费。从 B2C 交易模式的内涵来看，交易双方的主体是来自上游的生产商或零售商和下游的消费者。

(三) C2B 交易模式

C2B(Customer to Business)：C 是 Customer 的简称，意思是消费者；2 则是 to 的谐音；B 是 Business 的简称，意为生产商或零售商。C2B 是指需方是境内消费者，供方是境外生产商或零售商，通过跨境电商交易平台聚合分散用户，使之从生产商或零售商处获取批发价格，完成货物买卖的一种运营模式。与 B2C 交易模式相同，交易双方的主体仍是来自上游的生产商或零售商和下游的消费者，所不同的是境内与境外的属性不同。

二、跨境电商平台类型

(一) 按经营模式区分

1. B2B 交易服务类企业

B2B 交易服务类企业是指为境内外商户在线提供企业、产品、服务等信息，通过平台完成搜索、咨询、对比、下单、支付、物流、评价等整个购物环节，以收取佣金、展示费为主要盈利模式的独立法人。其主要代表企业如表 2-2-1 所示：

表 2-2-1　　　　主要代表企业

序号	企业名称/简称	企业标志	企业总部
1	大龙网中国有限公司 （简称“大龙网”）	OSELL大龙网	中国香港 china.osell.com
2	敦煌禾光信息技术公司电商平台 （简称“敦煌网”）	DHgate.com	中国北京 www.dhgate.com

2. B2B 信息服务类企业

B2B 信息服务类企业是指为境内外会员商户提供网络营销平台，传递供应商或采购商等商家的商品或服务信息，促成双方完成交易，以收取会员费、竞价排名费、点击付费为主要盈利模式的独立法人。其主要代表企业如表 2-2-2 所示：

表 2-2-2　　　　主要代表企业

序号	企业名称/简称	企业标志	企业总部
1	环球资源网	global sources Reliable exporters: find them and meet them	中国广州 www.globalmarket.com
2	中国制造网	Made-in-China.com Connecting Buyers with Chinese Suppliers	中国南京 cn.Made-in-China.com

3. B2C 平台服务类企业

B2C 平台服务类企业是指按照特定的服务和交易规范，与服务、产品的需求者和提供者相独立，凭借网络服务的平台，为买方和卖方提供中介服务并收取服务费用的独立法人。即在线上搭建一个商城，吸引商家入驻，通过整合平台服务资源，实施共享数据，以收取年费、广告费、佣金等实现盈利。其主要代表企业如表 2-2-3所示：

表 2-2-3　　　　主要代表企业

序号	企业名称/简称	企业标志	企业总部
1	全球速卖通 （简称“速卖通”）	AliExpress全球速卖通	中国杭州 sell.aliexpress.com
2	上海亿贝网络信息服务有限公司 （简称“上海亿贝”）	ebay	中国上海 www.ebay.cn
3	亚马逊公司中国网站 （简称“亚马逊中国”）	amazon	中国上海 www.amazon.cn

4. B2C 自营服务类企业

B2C 自营服务类企业是指凭借自建跨境电商平台，自行采购或生产产品，突出自有品牌在线展示，通过交易获取差价或利润作为主要盈利模式的独立法人。其主要代表企业如表 2-2-4 所示：

表 2-2-4　　主要代表企业

序号	企业名称/简称	企业标志	企业总部/网址
1	兰亭集势贸易公司 （简称“兰亭集势”）	Lightinthebox 兰亭集势贸易	中国北京 www.lightinthebox.com
2	米兰网	Milanoo	中国成都 www.Milanoo.com

（二）按国境区分

1. 国内主要第三方跨境电商平台

（1）全球速卖通。全球速卖通（sell.aliexpress.com）成立于 2010 年，2017 年全部采用 B2C 交易模式，实施商标化，是阿里巴巴旗下 B2C 跨境出口新外贸零售平台（见图 2-2-1）。全球速卖通平台覆盖全球 220 多个国家及地区，俄罗斯、巴西、美国、西班牙、法国、乌克兰、以色列、白俄罗斯、加拿大、荷兰则成为购买力最强的十大国家，马尔代夫、立陶宛和不丹等是海外买家回头率最高的国家。全球速卖通

图 2-2-1　速卖通电子商务平台界面

买家数已超过1亿，其中25岁至34岁的女性年轻人群成为海外剁手党的主力军，主要热销产品包括服装配饰、箱包鞋类、家具灯具、母婴玩具、汽摩配件、美容健康、珠宝手表、婚纱礼服等。全球速卖通平台入驻手续简便，有超18种语言支持，物流配送全程无忧，已开辟跨境专线16条，拥有跨境仓库74个，物流合作伙伴超90家，还能代理报关报检操作和进行国际支付宝担保交易，对新人来说能快速上手。

(2) 敦煌网。敦煌网(www.dhgate.com)成立于2004年，采取佣金制，免注册费，是国内首个为中小企业提供B2B网上交易的网站(见图2-2-2)。敦煌网是国际贸易领域B2B电子商务的创新者，融合了新型的电子商务和传统的国际贸易，为国际贸易的操作提供专业有效的信息流、安全可靠的资金流、快捷简便的物流等服务，只在买卖双方交易成功后收取费用，在线外贸交易额位于亚太第一，全球排名第六。由于敦煌网提升了中国出口型中小企业的国际竞争力并带动重点行业和区域经济发展，被中国信息产业部电子商务机构管理认证中心列为示范推广单位，还成为中国中小企业国际合作协会、中国中小企业对外合作协调中心的战略合作伙伴。

图2-2-2 敦煌网电子商务平台界面

(3) 唯品会。唯品会(www.vip.com)于2008年8月成立，2012年3月在美国纽约证券交易所上市，是华南首家在美国纽约证券交易所上市的电子商务企业(见图2-2-3)。唯品会首创“名牌折扣＋限时抢购＋正品保障”的独特商业模式，每天早上有100个时装、配饰、鞋、美容化妆品、箱包、家纺、皮具、香水、3C、母婴等品牌上新。唯品会VIP注册用户数已达3亿，活跃用户数2 080万，市值已超过百亿美元，位居中国互联网公司排名前五，也是全球最大的特卖电商。

图 2-2-3 唯品会电子商务平台界面

(4) 大龙网。大龙网中国有限公司简称大龙网(china.osell.com),成立于 2010 年 3 月,是国家商务部首批跨境电商试点企业之一(见图 2-2-4)。大龙网在俄罗斯、波兰、越南、阿联酋、印度、加拿大、德国、印度尼西亚、柬埔寨、巴西、沙特阿拉伯、巴林、美国、加拿大、日本、澳大利亚等 10 多个国家和地区建有分公司,在印度设立海外仓,业务覆盖全球 200 多个国家和地区,是中国最大的跨境电商 B2B 商务平台。大龙网的跨境贸易商务社交 App 设有全球样品中心、供应商展示、寻找商机、商务社交、订单管理、交易支付、展馆一览、入驻线上产业带等功能,提供即时通信、翻译服务、最新资讯,实现了全球商人交流交易无障碍。同时,大龙网的“龙通道”提供一站式跨境电商服务,包括跨境电商通关服务平台、跨境电商公共服务平台、跨境电商综合服务平台、跨境电商在线交易平台、跨境电商公共监管仓等。

图 2-2-4 大龙网电子商务平台界面

(5) 淘宝。淘宝网是亚太地区较大的网络零售商圈，由阿里巴巴集团在 2003 年 5 月创立(见图 2-2-5)。淘宝网是中国深受欢迎的网购零售平台，拥有近 5 亿的注册用户数，每天有超过 6 000 万的固定访客，同时每天的在线商品数已经超过了 8 亿件，平均每分钟售出 4.8 万件商品。截至 2011 年底，淘宝网单日交易额峰值达到 43.8 亿元，创造 270.8 万个直接且充分就业机会。随着淘宝网规模的扩大和用户数量的增加，淘宝网也从单一的 C2C 网络集市变成了包括 C2C、团购、分销、拍卖等多种电子商务模式在内的综合性零售商圈。目前已经成为世界范围的电子商务交易平台之一。2016 年 3 月 15 日，“3・15”晚会曝光淘宝商家存在刷单等欺骗消费者现象。2016 年 3 月 29 日，原阿里巴巴集团 CEO 张勇为淘宝的未来明确了战略：社区化、内容化和本地生活化是三大方向。

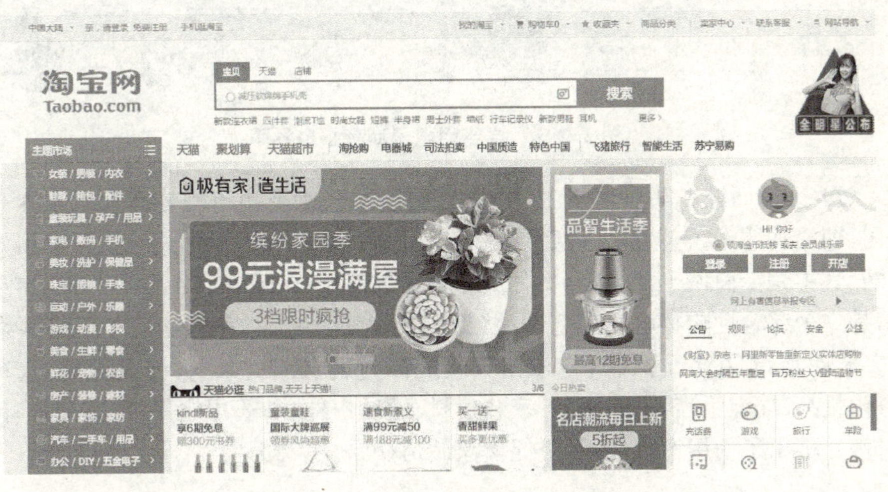

图 2-2-5　淘宝网电子商务平台界面

(6) 当当网。当当网是知名的综合性网上购物商城，由国内著名出版机构科文公司、美国老虎基金、美国 IDG 集团、卢森堡剑桥集团、亚洲创业投资基金(原名软银中国创业基金)共同投资成立(见图 2-2-6)。从 1999 年 11 月正式开通至今，当当网已从早期的网上卖书拓展到网上卖各品类百货，包括图书音像、美妆、家居、母婴、服装和 3C 数码等几十个大类，经营超过数百万种商品。物流方面，当当网在全国 600 个城市实现了“111 全天达”，在 1 200 多个区县实现了次日达；货到付款(COD)方面覆盖全国 2 700 个区县。美国时间 2010 年 12 月 8 日，当当网在纽约证券交易所正式挂牌上市，成为中国第一家完全基于线上业务、在美国上市的 B2C 网上商城。2016 年 5 月 28 日，当当网宣布与当当控股有限公司(母公司)和当当合并有限公司签署最终的合并协议与计划。2016 年 9 月 12 日，当当股东投票批准了该私有化协议。当当网从纽约证券交易所退市，变成一家私人控股企业。

图 2-2-6　当当网电子商务平台界面

（7）天猫商城。2011 年 6 月，阿里巴巴集团将旗下淘宝网分拆为三个独立的公司，即沿袭原 C2C 业务的淘宝网、平台型 B2C 淘宝商城、一站式购物搜索引擎一淘网，其中淘宝商城于 2012 年 1 月更名为天猫商城（tmall.com），采用 B2C 交易模式，是一个综合性购物电子商务网站（见图 2-2-7）。天猫商城拥有 4 亿多买家，5 万多家商户，7 万多个品牌，分布在服装配饰、箱包鞋类、家电、母婴玩具、汽车配件、化妆品、珠宝手表、家居用品、家装建材、运动户外、电子、图书等品类，都是正品行货，并推出了信用评价体系，督促卖家诚信交易。

图 2-2-7　天猫电子商务平台界面

(8) 京东商城。京东商城(www.jd.com)于 2000 年成立,采用 B2C 交易模式,2014 年 5 月在美国纳斯达克证券交易所正式挂牌上市,是中国最大的自营式综合型电商平台,也是排列全球前十的互联网公司(见图 2-2-8)。京东商城致力于打造一站式综合购物平台,设置了 3C 事业部、家电事业部、消费品事业部、服饰家居事业部、生鲜事业部和新通路事业部六大部门,在全国范围内拥有七大物流中心,覆盖全国范围内的 2 639 个区县,还为第三方卖家提供在线销售平台和物流等一系列增值服务。在跨境进口业务方面,成立了"京东全球购"平台,开设了"欧洲馆""韩国馆""日本馆""澳新馆""美洲馆"等,在跨境出口业务方面,成立了多语言全球售跨境贸易平台,涉及俄罗斯、印度尼西亚等主要国家。

图 2-2-8　京东商城电子商务平台界面

2. 国外主要第三方跨境电商平台

(1) Amazon。亚马逊(www.Amazon.com)采用 B2C、C2C 交易模式,不仅提供物流服务,还为第三方零售商提供销售平台,并出售自己库存的商品,是全球第二大互联网企业(见图 2-2-9)。亚马逊是从 2000 年开始向第三方零售商开放平台的。注册亚马逊手续比较复杂,有非常严格的审核制度,对品牌的要求非常高,平台规则严格,违规处罚较严。亚马逊收取佣金的比例约 15%,还会收取一些存储和包装等费用,但是购物流量非常大,并拥有世界级的物流资源。亚马逊中国于 2017 年公布"全球开店"业务在华四大战略重点:一是提升卖家的产品品质,提高用户体验;二是优化品牌管理工具与解决方案,帮助中国卖家通过"全球开店"打造"全球品牌";三是为中国制造企业提供定向支持与服务,通过跨境出口直接触及全球消费者,实现业务模式转变,推动制造业的升级与转型;四是面向中国卖家推出"Amazon Business(亚马逊商业采购站点)卖家招募计划"。

图 2-2-9　亚马逊电子商务平台界面

(2) eBay。易贝(www.ebay.com)成立于 1995 年,是全球领先的在线零售商,在全球拥有超过 1.7 亿的活跃用户、50 000 多个品类、10 亿多件上架商品,并支持 26 种货币的收付款。2016 年易贝总商品交易额为 840 亿美元,同比增长 5%,是全球最大的国际贸易电子商务平台(见图 2-2-10)。易贝出口至美国、英国、德国、加拿大、澳大利亚、法国、西班牙、意大利等 60 多个国家,主要为电子类产品、时尚类产品、家具园艺类产品、工业与办公用品类产品、汽配类产品等,并为中国卖家提供

图 2-2-10　易贝电子商务平台界面

了海外仓、国际e邮宝和易递宝等物流。在易贝开店是免费的，但要收取交易总额的10%作为佣金。易贝注册手续比较简便，审核周期较长，平台规则比较严，偏重对买家的保护，品牌质量要求高，一旦遭到客户的投诉就会被封店。

三、第三方跨境电商平台选择

跨境电子商务中小企业由于资金、技术和人员条件的限制，往往通过第三方跨境电子商务平台开展跨境电子商务交易，而如何选择第三方跨境电子商务平台对跨境电子商务中小企业来说是非常重要的。选择第三方跨境电子商务平台主要考虑第三方跨境电商平台的类型、品牌、功能、受众范围和安全性。

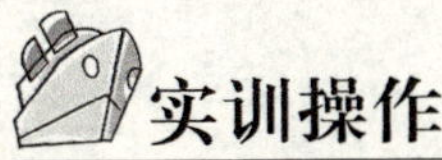

实训操作

一、选择敦煌网跨境电商平台操作

(一) 公司基本信息

1. 公司经营范围

上海商会跨境电子商务有限公司在中国(上海)自由贸易试验区服务大厅一受理窗口办理公司登记手续，经核准后获取营业执照、对外贸易经营者备案登记表、进出口货物收发货人报关注册登记证书、自理报检单位备案登记证明书。该公司经营的范围是进出口、跨境电子商务，经营商品为服装鞋帽、护肤化妆、运动户外。

2. 公司交易模式

上海商会跨境电子商务有限公司根据公司经营的目标，采取B2B交易模式。

3. 公司产品销售地区

上海商会跨境电子商务有限公司根据公司经营的目标，主要产品销往美国、澳大利亚、法国等国家。

(二) 选择敦煌网电商平台

选择全球敦煌网跨境电商平台的主要理由有以下四个方面：

1. 平台的类型

敦煌网是属于水平类网站，是一个聚集中国几十个行业的中小企业产品，为国外中小买家提供全天候的国际网上批发交易平台，且免费注册，网站只是在企业报价上加价，不需要企业另支付佣金，符合上海商会跨境电子商务有限公司的市场定位、经营目标和经营战略。

2. 平台的功能

敦煌网平台导航清晰、功能完整、操作简便，提供一站式服务(见图 2-2-11)。

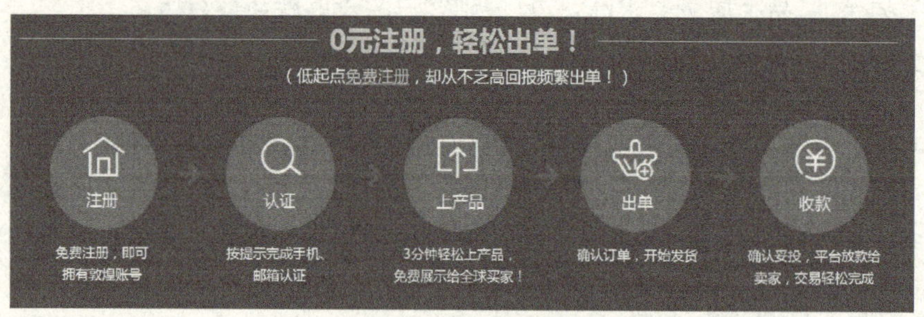

图 2-2-11　敦煌网平台功能界面

3. 平台的品牌

敦煌网是全球第一家供应链跨境服务商，也是亚洲第一个建立诚信安全标准的企业，还是 APEC 和 G20 企业界中国代表和商务部重点推荐中国对外贸易第三方电子商务平台之一。目前，该平台买家遍及全球 230 个国家和地区，实现 140 多万家国内供应商在线，拥有 4 000 万种商品和 1 000 万买家的规模，具备 11 种外国语言运营，每 3 秒产生一张订单，无论从用户数、交易额、订单数、商品种类等指标每年都有 6 倍到 10 倍的突飞猛进式增长，助力中小企业实现“买全球、卖全球”。

4. 平台的潜能

敦煌网于 2017 年 1 月推出了“数据贸易中心”，以海外展示中心为运营模式，帮助企业打开海外市场，增加交易渠道，提高订单成交量。

(1) 数据贸易中心的功能。数据贸易中心提供以下功能(见图 2-2-12)：

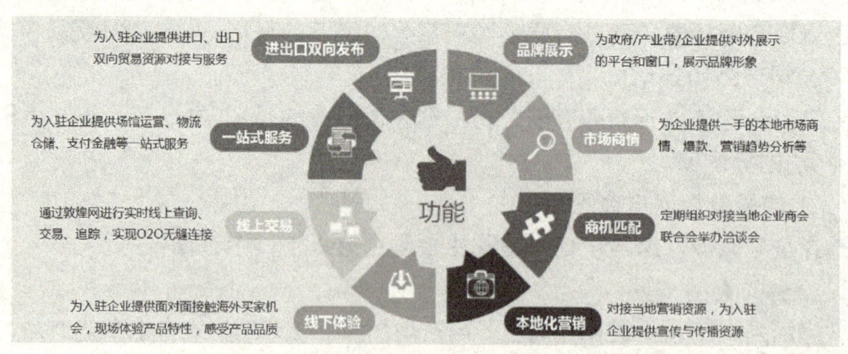

图 2-2-12　敦煌网数据贸易中心功能

(2) 数据贸易中心的精品服务。数据贸易中心对入驻企业提供以下三大类服

务(见图 2-2-13):

图 2-2-13　敦煌网数据贸易中心服务

二、入驻敦煌网跨境电商平台

运营部专员点击“国内电商平台”按钮，选择敦煌网电商平台，点击“开通”按钮(见图 2-2-14)(敦煌网是按成交金额收取佣金)，表示入驻该电商平台，并显示“敦煌网已开通”字样和“开通费 0 元”信息(见图 2-2-15)。

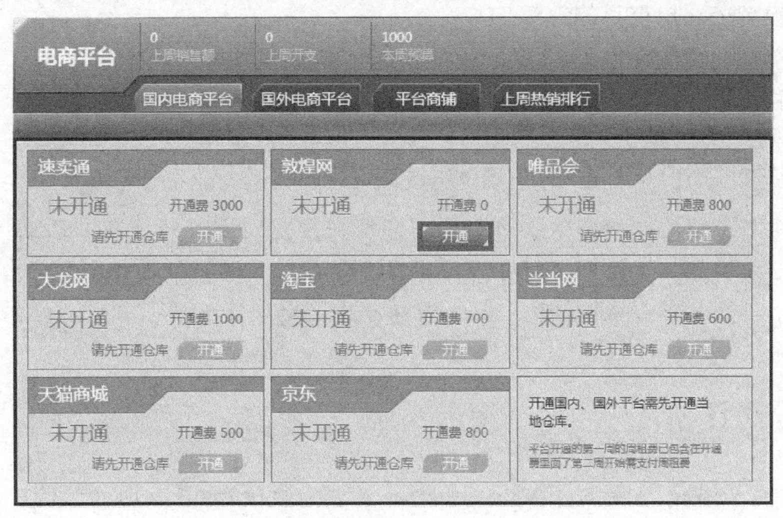

图 2-2-14　敦煌网电商平台开通界面

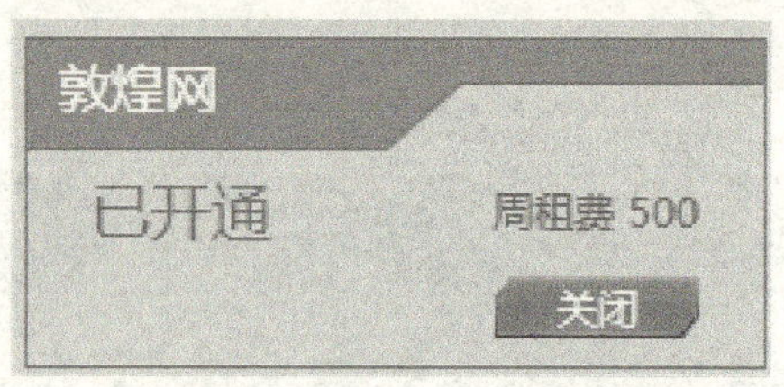

图 2-2-15 敦煌网电商平台周租费界面

实训活动

一、活动背景

全班分成若干个模拟公司，每个公司由 6 人组成，分别担任公司的经理、管理部专员、采购部专员、物流部专员、客服部专员、运营部专员，协同完成一笔出口跨境电子商务业务的活动。公司所有部门专员一起根据经营商品、出口目的地（国家/地区）、跨境电子商务平台交易模式及其品牌选择想进驻的平台。

二、实训资料

1. 模拟公司经营的商品：运动户外品类的商品
2. 模拟公司出口目的地：美国
3. 跨境电商交易模式：B2C
4. 跨境电商品牌：世界著名跨境电子商务交易平台

三、实训要求

请每一家模拟公司全体伙伴根据实训资料及实训要求开展实训活动，选择第三方跨境电子商务交易平台并进行入驻。推选一人进行 PPT 汇报，内容包括第三方跨境电子商务平台选择的依据及入驻该平台的操作体会。

活动评价

请每一家模拟公司全体伙伴根据实训活动情况进行测评，填写下列团队活动测评表。

团队活动测评表

测评内容	评判标准/分值	总　分	自评分
实训操作情况	平台类型/ 正确/ 10 分	10	
	平台类型/ 不正确/ 0 分		
	平台选择依据/ 正确/ 25 分	25	
	平台选择依据/ 不齐全/ 15 分		
	平台选择依据/ 不正确/ 0 分		
	平台入驻操作/ 正确/ 25 分	25	
	平台入驻操作/ 部分正确/ 15 分		
	平台入驻操作/ 不正确/ 0 分		
PPT 专题汇报	PPT 设计制作/ 好/ 10 分	10	
	PPT 设计制作/ 一般/ 6 分		
	PPT 设计制作/ 较差/ 3 分		
	语言表达/ 好/ 10 分	10	
	语言表达/ 一般/ 6 分		
	语言表达/ 较差/ 3 分		
合作完成质量	达到目标/ 好/ 10 分	10	
	达到目标/ 一般/ 6 分		
	达到目标/ 较差/ 3 分		
团队协作精神	协作精神/ 好/ 10 分	10	
	协作精神/ 一般/ 6 分		
	协作精神/ 较差/ 3 分		
计　分			

指导教师评价表

评价项目	评价内容	评价意见
跨境电商平台选择	1. 选择平台的依据是否合理 2. 选择平台的依据是否齐全	
跨境电商平台入驻操作	1. 入驻平台操作步骤是否正确 2. 入驻平台操作信息是否准确	

续表

评价项目	评价内容	评价意见
PPT 汇报效果	1. PPT 设计制作是否精良 2. 文字描述是否精练 3. 语言表达是否通畅 4. 汇报效果是否有效	

实训三　采购跨境电商商品

实训背景

在跨境电子商务活动中,跨境电子商务分为出口跨境电子商务与进口跨境电子商务,从海关监管货物形式来看,分为保税货物与非保税货物。商品采购是店铺开展运营的基本前提,在商品采购之前,要开展跨境电子商务市场调研,撰写市场调研报告,结合公司的经营目标和经营商品在相关网站上进行采购,并在指定仓库存储。跨境电子商务商品采购是让学生了解开展跨境电子商务市场调研的原则、方法和途径,熟悉调研报告的格式、内容和要求,掌握商品采购的专业网站及采购的相关内容。

实训目的

通过本单元的实训教学,学生可以了解跨境电子商务市场调研的原则、方法和途径,熟悉市场调研报告的格式内容和要求,掌握商品采购的方法和要求。

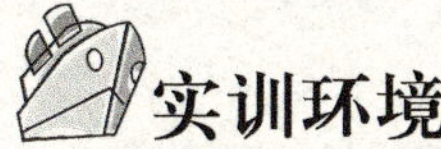

实训环境

本项目实训教学内容是在跨境电子商务实训室进行操作完成,实训室包括融智室、辅导室和操作室三个区域,四周墙面布置了商务发展历史的 10 多块展板,形成了一定的商务文化的氛围。操作室区域内安置了 8 台电子沙盘设备,每台电子沙盘设备都配置了跨境电子商务电子沙盘软件。

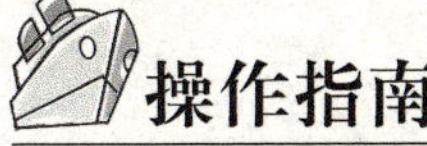

操作指南

一、跨境电商进出口的形式

(一) 出口跨境电子商务

出口跨境电子商务是指出口跨境电商通过电子商务交易平台与进口跨境电商

或消费者就货物或物品销售达成协议，双方在线履行各自义务的一种跨境贸易方式。其主要有以下两种形式：

1. B2B一般出口货物

B2B一般出口货物是指出口跨境电商企业与进口跨境电商企业通过外贸综合服务平台签订销售协议，办理出口货物的运输、清关、保险、结算和出口退税，以一般贸易出口的方式完成交易的跨境贸易方式。

2. B2C一般出口货物

B2C一般出口货物根据操作方式不同有两种形式：其一，出口跨境电商企业通过快捷的运输方式集中将批量货物出口到目的地国海外仓进行储存，当地消费者只要通过跨境电商平台在线下单与支付货款后，系统自动对海外仓下达指令进行自动分拣、包装，由海外仓库人员及时配送的一种零售跨境贸易方式；其二，出口跨境电商企业通过跨境电子商务交易平台系统确认国外消费者在线下单并支付货款后，通过邮政包裹、国际快递形式将货物或物品送达的一种零售跨境贸易方式。

(二) 进口跨境电子商务

进口跨境电子商务是指进口跨境电商通过电子商务交易平台与出口跨境电商就采购货物达成协议，买卖双方在线或线下履行各自义务的一种跨境贸易方式。其主要有以下两种形式：

1. B2B一般进口货物

B2B一般进口货物是指进口跨境电商企业与出口跨境电商企业通过外贸综合服务平台签订采购协议，办理进口货物的运输、清关、保险和结算，以一般贸易进口的方式完成交易的跨境贸易方式。

2. C2B一般进口货物

C2B一般进口货物有两种操作模式：其一，C2B一般进口货物是指境内消费者通过电子商务交易平台选购货物或物品，下好订单后支付货款，由境外的跨境电商通过邮政包裹完成交付货物或物品，也称之为海外直邮；其二，境内消费者通过境内自营跨境电商交易平台下订单，该电商企业在国外进行采购并至海外仓仓储，当平台收到货款支付信息后进行电子报关，通关后指示海外仓出货并由快递公司发送货物至消费者。

(三) 跨境电子商务“保税＋直邮进口”

1. 保税的含义

保税是一种海关监管业务制度，系指经海关批准的，在境内保税区、保税仓库所进口的货物，在海关监管下进行储存、加工、装配并暂缓缴纳各种进口税费。

2.“保税＋直邮进口”的含义

“保税＋直邮进口”是指境外商户提前将货物批量运至自贸区保税仓库进行提前备货，当境内买家在跨境电商交易平台下订单并支付货款后，在保税仓对货物进行打包并在跨境电商交易平台发送相关的报关信息到海关进行清关，清关后由快递公司配送至客户。

3.保税货物与非保税货物的区别

(1) 保税货物。保税货物是指享有国家规定免征关税的货物和物品，即从境外进入保税区无须办理进口报关及征收进口税费的货物和物品。如果保税货物和物品从保税区内运到区外，就必须按照海关的相关规定办理进口报关手续并缴纳相关税费。

(2) 非保税货物。非保税货物是指不享有国家规定免征关税的货物和物品，即入境前需在入境口岸办理进口报关并缴纳进口税费的货物和物品，或从国内保税区外进入保税区需办理出口报关并缴纳相关税费的货物和物品。

4.“保税＋直邮进口”的流程

“保税＋直邮进口”的操作流程有以下九个环节：

(1) 境外商户入驻自贸区或在自贸区寻找有资质的代理企业保税进口；

(2) 境内买家在跨境电商平台选购商品并下订单；

(3) 境内买家使用第三方支付平台支付订单商品金额并预扣关税，实际交易中用信用卡支付方式将款项划转到第三方支付平台；

(4) 第三方支付平台向境外商户发送境内买家受付信息；

(5) 境外商户发到保税仓进行分拣，打包成小包裹并拼箱成一个集装箱后，通知跨境电商交易平台进行报关；

(6) 境外商户将集装箱发至海关监管区进行查验；

(7) 集装箱通过属地海关查验放行后在海关监管区进行分拣，完成后再将配送货物搁置在放行区，由物流或快递公司送货至境内买家；

(8) 境内买家收到商品确认无误后，通知第三方支付平台付款；

(9) 第三方支付平台将货款转账至境外商户。

从“保税＋直邮”模式运营流程可见，在保税仓进行分拣成小包，这样能节省在国外段的运输时间，与海外直邮进口模式相比，缩短了交货时间，也减少了货运中货物的破损率，成本由此降低。

二、跨境电商市场的调研

(一) 调研的基本思路

开展调研前首先要明确以下三个问题：

1. 如何确定企业自身潜在竞争优势

主要有以下三个方面(见图 2-3-1)：

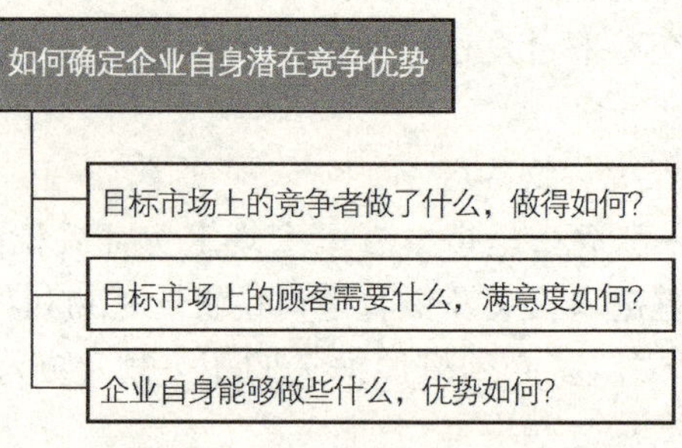

图 2-3-1　潜在竞争优势

2. 如何选择企业相对竞争优势

主要有以下三个方面(见图 2-3-2)：

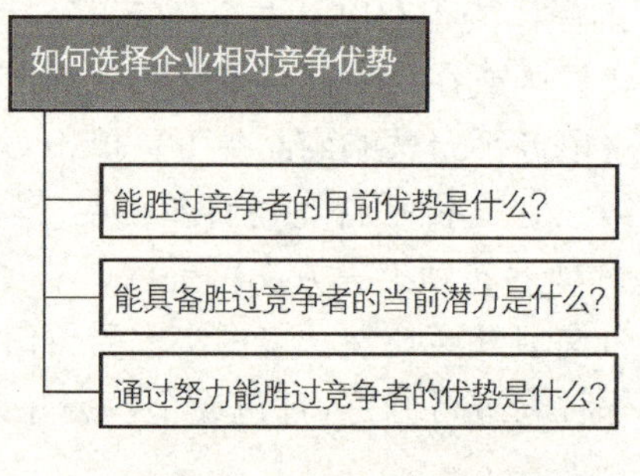

图 2-3-2　相对竞争优势

3. 如何显示企业独特竞争优势

主要有以下三个方面(见图 2-3-3)：

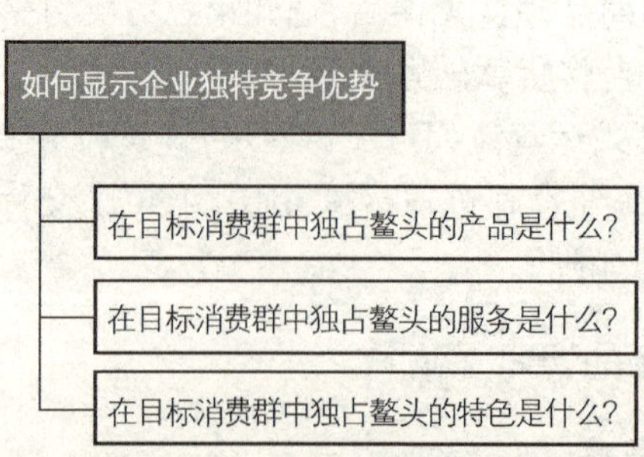

图 2-3-3　独特竞争优势

(二) 调研的主要内容

在交易磋商前,跨境电子商务公司要根据企业市场定位、经营目标、经营范围对全球跨境电子商务市场进行调研,掌握市场的需求信息、价格动态、政策变化等相关情况,选择好合适的目标市场,编制好出口计划。调研的具体内容主要有以下三个方面:

1. 对市场适销品类的调研

随着互联网经济的发展,伴随着全球经济一体化的深入,跨境电子商务市场的商品琳琅满目、极其丰富,即便是同类商品在品质、规格、品种、工艺、包装等方面都不完全相同,对市场的适销情况也不尽相同。因此我国卖家必须通过对市场适销品类的调研,运用大数据进行分析,了解各国买家的具体需求,掌握热销或紧缺商品及销售时段等信息,作为编制出口计划的依据。

我国商务部统计数据显示,2016 年,我国 B2B 出口跨境电子商务仍然是主流,出口商品以传统劳动密集型大众货物为主,如纺织品、服装、3C 产品、塑料制品、玩具、鞋包、家具等(见图 2-3-4)。

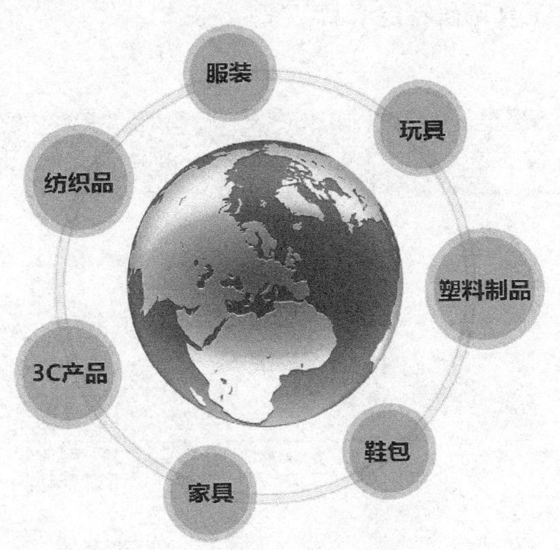

图 2-3-4 主要出口商品品类

2. 对销往的国家或地区的调研

跨境电子商务在全球得到迅猛发展,但国家之间或地区之间的差距较大。有关跨境电子商务研究报告显示,北美跨境电子商务市场最大,尤其是美国和加拿大;欧洲跨境电子商务市场最具潜力,主要集中在英国、澳大利亚、德国、俄罗斯等国;在亚洲跨境电子商务市场中,中国香港地区、日本和韩国独树一帜,印度、马来西亚等国发展潜力较大，而且亚洲客户忠诚度较高；拉丁美洲地区是跨境电子商务的一片蓝海，发展潜力巨大。我国商务部统计数据显示，从 2016 年上半年我国进出口贸易伙伴来看，前十大贸易伙伴排名依次为欧盟、美国、东盟、中国香港地区、日本、韩国、中国台湾地区、澳大利亚、印度、俄罗斯。从 2016 年上半年我国进出口贸易增速来看，美国、韩国、中国台湾地区、澳大利亚、东盟出现不同程度的下滑，欧盟、中国香港地区、日本、印度、俄罗斯出现逆势增长的亮点。

3. 对商品市场价格的调研

国际市场价格的高低，不仅是围绕国际价值上下波动，还受世界政治、全球经济、各国贸易和税收政策等多种因素的影响。在确定适销出口商品的同时，还应对其价格变动进行预测，研究其价格走势，通过合理价格的确定来促进商品的销售。

我国商务部统计数据显示，2016 年，我国传统劳动密集型产品如服装、3C 产品、玩具、鞋包、家具等商品的性价比高，不仅吸引着欧美等发达国家年轻人群和低收入人群，还在中东、拉丁美洲等区域成为受主流人群喜爱的商品。

（三）调研的主要手段

一是利用搜索工具调研特定产品（见图 2-3-5）。

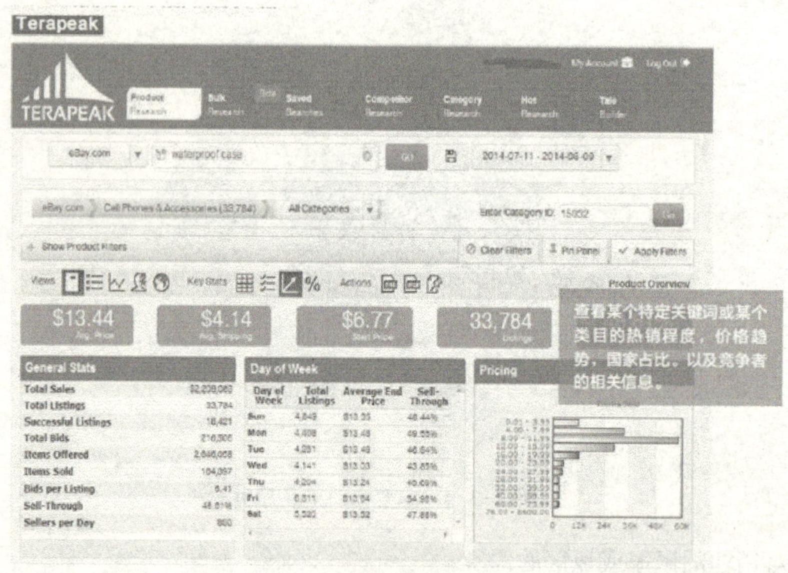

图 2-3-5　利用搜索工具调研特定产品

二是利用搜索工具调研特定产品热度分布（见图 2-3-6）。

三是利用搜索工具调研特定产品或热卖商品（见图 2-3-7）。

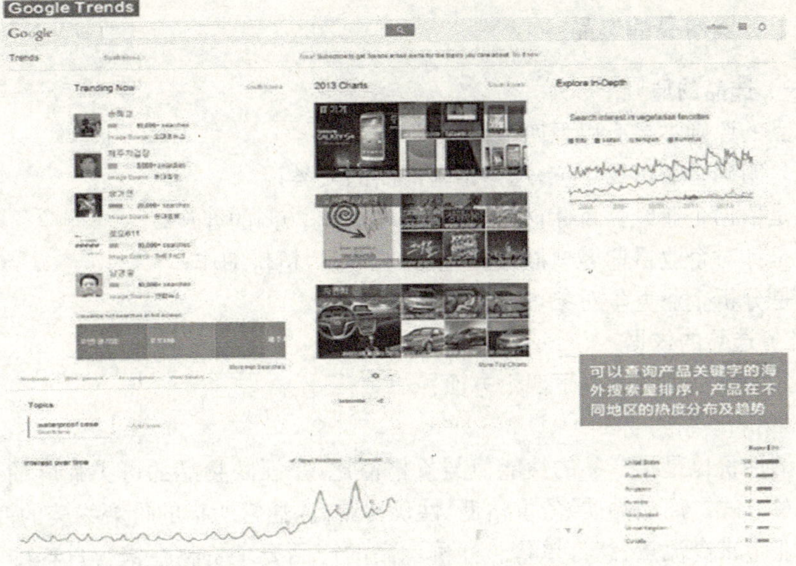

图 2-3-6　利用搜索工具调研产品热度分布

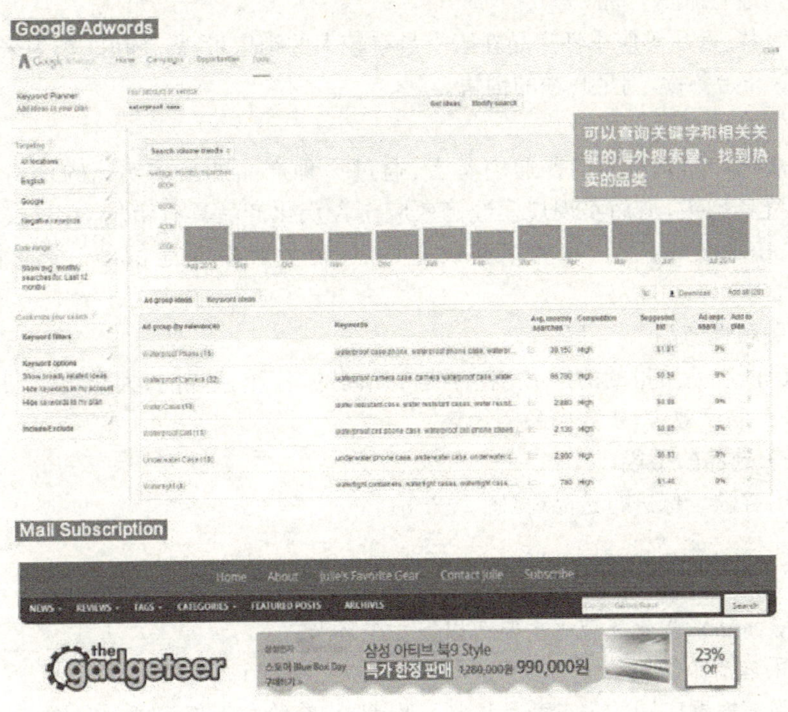

图 2-3-7　利用搜索工具调研热卖商品

三、跨境商品的选品

（一）选品的原则

选品的原则主要有以下四个方面：

一是明确企业市场定位，选择销售产品的大类；

二是依据企业经营目标，根据二八原理选择20%的客户；

三是针对企业目标客户群，选择不同的单品，精耕细作；

四是分析企业竞争对象，选择差异性的商品。

（二）选品的依据

选品的依据主要有以下四个方面：

1. 性价比高的产品

所谓性价比是指产品的性能值与价格值比，是反映物品的可买程度的一种量化的计量方式。商品品质好、价格低，性价比就高，通常所指的价廉物美的商品，就能给企业带来高流量、高订单量。性价比高的产品要求货物在销售过程中不能中断，因此库存量要充足。

2. 应季性强的产品

如服装、食品等应季性产品在当季具有较大的销售量，需要在旺季到来之前约2个月就开始备货，满足旺季的销售。

3. 大众化产品

大众化产品是指面向普通消费者，通过一种产品的经济实惠的价格来吸引目标消费者购买，从而实现规模经济效应。大众化产品具有市场入门低、市场需要量大、市场分布广泛、市场增速快等特点，需要常规性地积存一定量的商品库存。

4. 关联性产品

在保证产品质量的前提下，采购性价比高的、应季性强的、大众化的相关联产品，形成关联度效应，扩大商品的销售。

（三）选品的手段

利用谷歌全球进行选品（见图2-3-8）。

四、跨境商品的采购

跨境商品采购业务流程主要有以下六个环节：

1. 采购清单编制

采购部根据店铺的需求商品编制采购清单，交给主管部门领导审核，审核通过后执行采购任务。

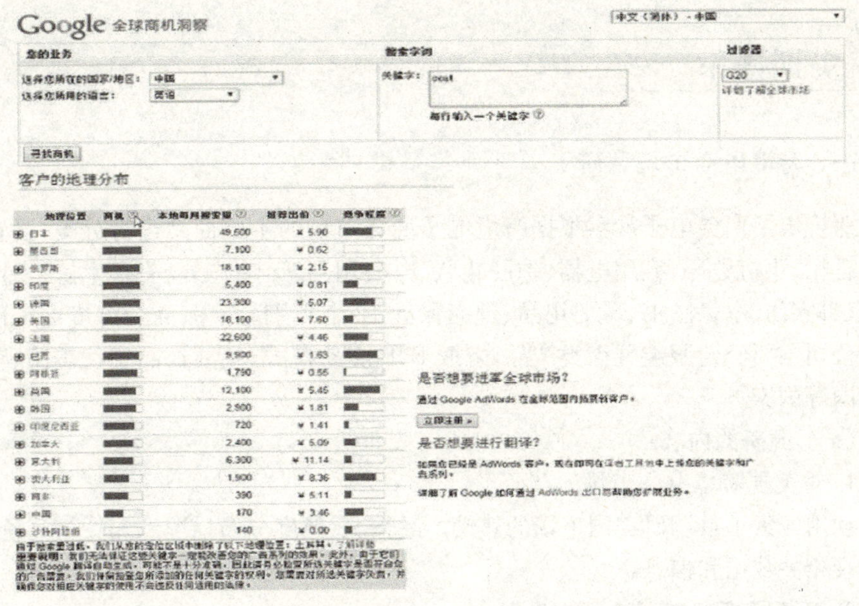

图 2-3-8　用谷歌全球进行选品

2. 供应商选择

采购部根据采购清单所列商品对供应商进行调研，选择几家合适的供应商进行询盘。当获得供应商的发盘后，对各项交易条件进行对比分析，最终优选一家作为本次采购的供应商。

3. 采购合同签约

采购部与选定的供应商签订采购合同，确定商品品质、规格、数量、包装、价格、支付方式和交货的时间及地点等内容，明确双方的权利与义务。

4. 商品订单跟进

当采购合同签订后，采购部根据采购合同规定的品质、数量、包装和交货时间进行跟进，掌握其相关信息，确保供应商能按时按质交货。

5. 商品入库验货

采购部接到供应商的交货通知后，根据到货的具体时间，在指定仓库协助有关人员进行验货，并确保交货的品质、种类、规格、数量和包装符合合同的规定，核准无误后入库存储。

6. 货款结算

根据采购合同中的支付条款的规定，财务部经主管领导同意后通过网银转账，办妥货款结算并做好相应的台账。

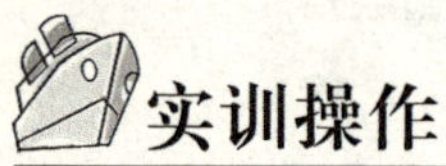

实训操作

一、跨境电商市场调研

跨境电子商务电子沙盘根据跨境电子商务市场的主要商品进行分类，设置了服装鞋帽、手机数码、家用电器、护肤化妆、办公用品、运动户外、美食生鲜、房产建材、家具家纺、书籍图书、母婴用品、健康保健 12 个类别。上海商会跨境电子商务有限公司主要经营服装鞋帽类产品，采取 B2B 交易模式，主要产品销往美国、英国和法国等国家。

(一) 调研的内容

1. 对美国跨境电商市场的调研

利用搜索工具调研美国市场的热销产品情况、热度分布情况和相关产品价格，并记录相关数据和信息。

2. 对英国跨境电商市场的调研

利用搜索工具调研澳大利亚市场的热销产品情况、热度分布情况和相关产品价格，并记录相关数据和信息。

3. 对法国跨境电商市场的调研

利用搜索工具调研法国市场的热销产品情况、热度分布情况和相关产品价格，并记录相关数据和信息。

(二) 调研报告的撰写

上海商会跨境电子商务有限公司根据调研的信息进行市场分析，并撰写跨境电商市场调研报告。主要内容如下：

1. 美国跨境电子商务市场分析

美国拥有 2.55 亿网民，普及率为 88.5%，电子商务交易额约占全球电子商务交易额的 25%，每年均以 15%的增速在快速发展，成为世界最大的电子商务市场，其中热销商品依次排序为运动户外产品、玩具与礼品、智能产品、假发、宠物用品、母婴用品、家具和家居装饰。

2. 英国跨境电子商务市场分析

英国 82%的网民经常在网上购物，2016 年网络零售占英国总零售额的 23%，总值超过 2 000 亿欧元，2016 年英国有 48%的跨境电商将跨境市场目标锁定在欧洲，有 30%跨境电商企业将跨境市场目标锁定在美国，有 26%的跨境电商将跨境市场目标锁定在亚洲，有 23%的小型跨境电商企业将跨境市场目标锁定在澳大利亚、新西兰、新几内亚岛、太平洋地区和邻近的岛屿。英国中小型企业由于缺乏线上流量入口,便与中国跨境电商平台进行合作,这些平台占据了中国跨境电子商务领域 90%的份额,其中热销商品依次排序为服装鞋帽、运动户外产品、玩具与礼品、智能产品、家具和家居装饰等,中国服装销售价格比较合理。

3. 法国跨境电子商务市场分析

法国网络覆盖率为87%,网购者人数为 3 600 万,约有 80%的网民在线购买商品和服务,其中 50%左右的人从欧洲网站进行购买,41%左右的人从德国网站购买,25%左右的人从非欧盟网站进行购买。法国是欧洲第三大在线零售市场,主要销售服饰类、时尚类、家居类、园艺类和电器类等,中国服饰类产品销售价格比较低。

4. 调研报告结论

根据对美国、英国、法国等国家的跨境电子商务市场调研分析,结合上海商会跨境电子商务有限公司的经营目标、经营商品和经营策略,将英国作为本公司的主要销售国家,在热销中国服装品类中,选择物美价廉的潮流牛仔裤进行在线营销。

二、跨境销售商品的采购

上海商会跨境电子商务有限公司根据跨境电子商务市场调研报告,通过蝶讯服装网(http://www.sxxl.com/Women)采购潮流牛仔裤(见图 2-3-9)。具体采购信息:价格每条 350 元;数量 5 000 条,其中 XXL 号 1 500 条、XL 号 1 500 条、L 号 1 000 条、M 号 500 条、S 号 500 条;每条牛仔裤用塑料袋包装,50 条装一只纸箱。

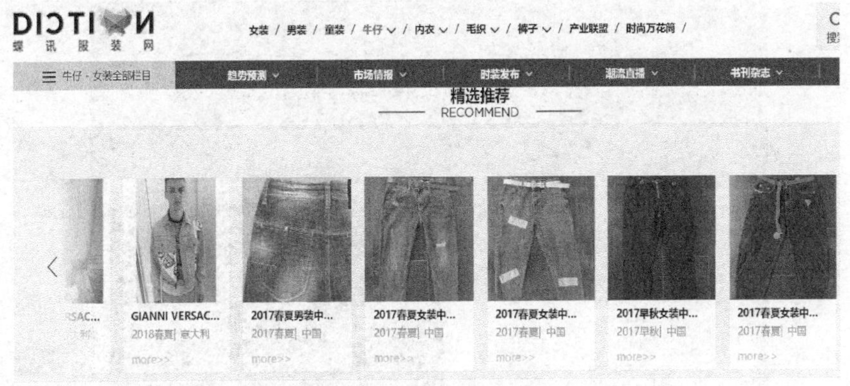

图 2-3-9 蝶讯服装网

三、跨境销售商品的入库

1. 存储场所预定操作

上海商会跨境电子商务有限公司要求供应商在当月 30 日前将 100 箱潮流牛

仔裤送达敦煌网指定的上海仓库，为此需要预定一间面积为 150 平方米的仓库。

物流部专员点击“国内仓储”按钮，选择并点击“上海仓库”(见图 2-3-10)，弹出上海仓库对话框，在租用面积中输入 150 平方米，并点击“开通”按钮(见图2-3-11)。点击上海仓库，在对话框界面上显示每周租用费用 3 000 元(见图 2-3-12)。

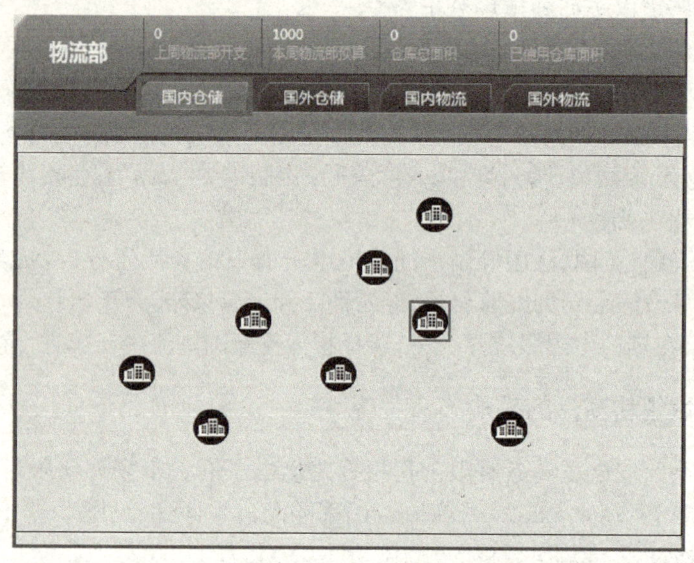

图 2-3-10　国内存储、上海仓库按钮界面

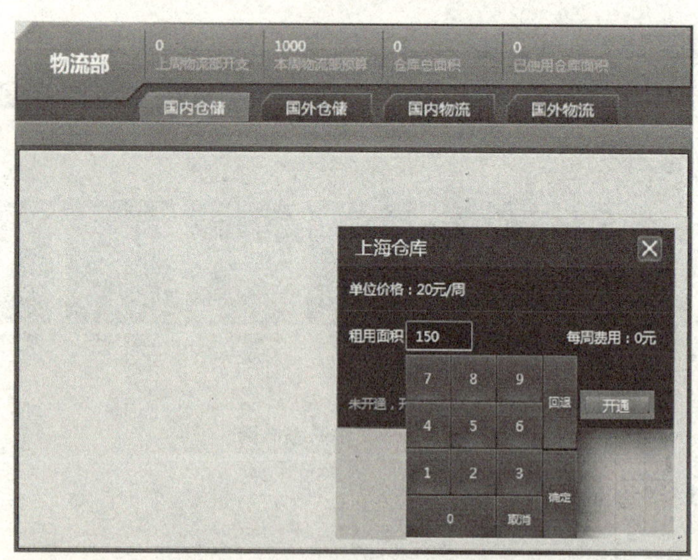

图 2-3-11　上海仓库租用面积界面

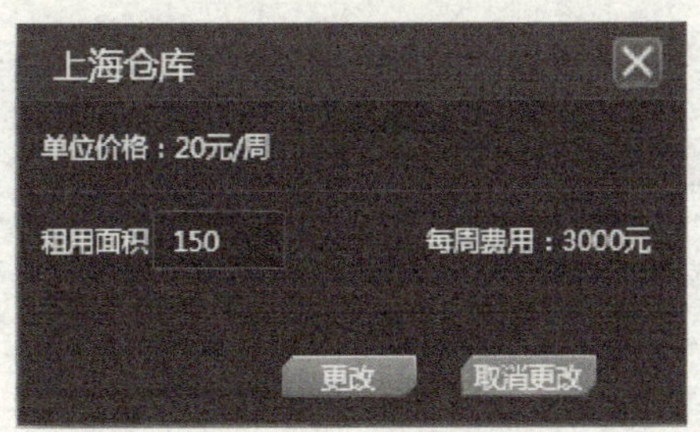

图 2-3-12　上海仓库周租费用界面

2. 潮流牛仔裤进货操作

上海商会跨境电子商务有限公司采购部专员点击“进货补货”按钮，选择“服饰鞋帽”(见图 2-3-13)，在“潮流牛仔裤”处点击“下单”按钮(见图 2-3-14)，弹出“下单”对话框，在采购价框中输入 100 元，在采购数量框中输入 5 000 条(见图 2-3-15)。

图 2-3-13　“服饰鞋帽”界面

3. 潮流牛仔裤进货信息查看操作

上海商会跨境电子商务有限公司根据对美国、英国和法国跨境电子商务市场调研的报告选择英国为销售地区，商品为潮流牛仔裤。为此，采购部的采购专员点击“库存情况”按钮，在“商品类别”中点击“服饰鞋帽”按钮，查看潮流牛仔裤的市场价、成本价和库存信息(见图 2-3-16)。

图 2-3-14 “下单”按钮界面

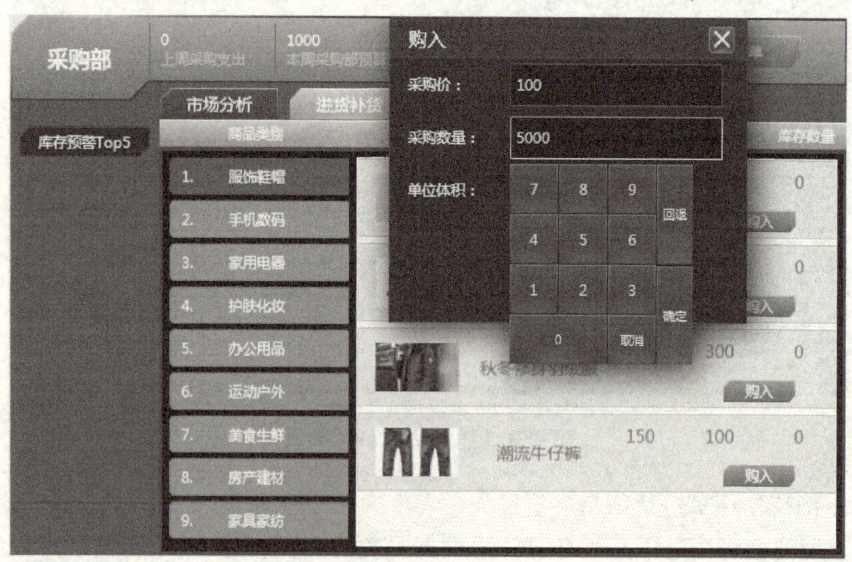

图 2-3-15 价格与数量输入界面(单位面积)

图 2-3-16　潮流牛仔裤库存信息市场分析

实训活动

一、活动背景

全班分成若干个模拟公司，每个公司由 6 人组成，分别担任公司的经理、管理部专员、采购部专员、物流部专员、客服部专员、运营部专员，协同完成一笔出口跨境商品采购活动。公司所有部门专员根据本公司的市场定位、经营目标开展跨境电商市场运动户外品类商品的调研，编制跨境电商市场调研报告，依据调研报告结论在相关垂直类网站上进行采购，并预定仓库存储库位。货物进入指定仓库后，查看库存信息。

二、实训资料

商品名称：棒球鸭舌帽

供货价格：80 元

采购数量：10 000 顶

商品规格：大号 4 000 顶、中号 4 000 顶、小号 2 000 顶

包装方式：每顶帽子用塑料袋包装，100 顶装一只纸箱

交货时间：当月 30 日前

支付方式：网银转账

交货地点：指定仓库

租用面积：100 箱仓库面积为 50 平方米

采购网站：运动户外专业网站

三、实训要求

请每一家模拟公司部门专员根据实训资料的要求编写市场调研报告，并推选一人进行 PPT 汇报，包括国家或地区的跨境市场分析、拟采购商品、采购操作、货物入库等内容。

活动评价

请每一家模拟公司部门专员根据本次实训活动情况进行测评，填写下列团队活动测评表。

团队活动测评表

测评内容	评判标准/分值	总　分	自评分
实训操作情况	调研报告/ 全面正确/ 20 分	20	
	调研报告/ 部分正确/ 10 分		
	调研报告/ 全错/ 0 分		
	采购操作/ 正确/ 20 分	20	
	采购操作/ 有错/ 10 分		
	采购操作/ 全错/ 0 分		
	入库操作/ 正确/ 20 分	20	
	入库操作/ 有错/ 10 分		
	入库操作/ 全错/ 0 分		
PPT 专题汇报	PPT 设计制作/ 好/ 10 分	10	
	PPT 设计制作/ 一般/ 6 分		
	PPT 设计制作/ 较差/ 3 分		
	语言表达/ 好/ 10 分	10	
	语言表达/ 一般/ 6 分		
	语言表达/ 较差/ 3 分		

续表

测评内容	评判标准/分值	总　分	自评分
合作完成质量	达到目标/ 好/ 10 分	10	
	达到目标/ 一般/ 6 分		
	达到目标/ 较差/ 3 分		
团队协作精神	协作精神/ 好/ 10 分	10	
	协作精神/ 一般/ 6 分		
	协作精神/ 较差/ 3 分		
计　分			

指导教师评价表

评价项目	评价内容	评价意见
市场调研报告	1. 格式是否正确 2. 内容是否齐全 3. 逻辑是否合理 4. 信息是否正确	
实训操作表现	1. 采购操作是否正确 2. 入库操作是否正确 3. 输入信息是否准确 4. 是否具有协作精神	
PPT 汇报效果	1. PPT 设计制作是否精良 2. 文字描述是否精练 3. 语言表达是否通畅 4. 汇报效果是否有效	

实训四　开展跨境电商平台运营

实训背景

跨境电子商务公司在入驻第三方电子商务平台后，在企业商铺发布商品销售信息，根据不同品类或单品的销售现状采取不同的营销手段，对买家的订单及时处理，做好售前、售中、售后的服务，并及时配送交易货物。跨境电子商务平台运营是让学生了解销售商品的上架、在线营销方式与手段、订单处理、物流人员配置，熟悉售前、售中和售后的服务范围，并根据运营情况及时调整经营策略，提升年度的销售业绩。

实训目的

通过本单元的实训教学，学生可以了解第三方跨境电商平台的入驻和运营流程，熟悉交易信息、处理订单、货物托运通关、转账付款等流程。

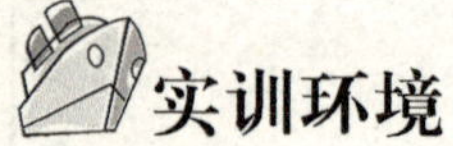

实训环境

本项目实训教学内容是在跨境电子商务实训室进行操作完成，实训室包括融智室、辅导室和操作室三个区域，四周墙面布置了商务发展历史的10多块展板，形成了一定的商务文化的氛围。操作室区域内安置了8台电子沙盘设备，每台电子沙盘设备都配置了跨境电子商务电子沙盘软件。

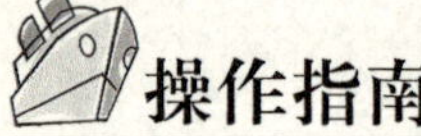

操作指南

一、第三方跨境电商平台入驻操作

境内外贸电子商务企业在获取“五证合一”营业执照、进出口贸易权资质、进出口货物收发货人报关注册登记证书、自理报检单位备案登记证明书后，选择第三方跨境贸易电子商务平台并进行注册入驻，建立企业商铺。

二、第三方跨境电商平台运营操作

基于B2B第三方跨境电商平台运营操作主要有以下四个环节(见图2-4-1)：

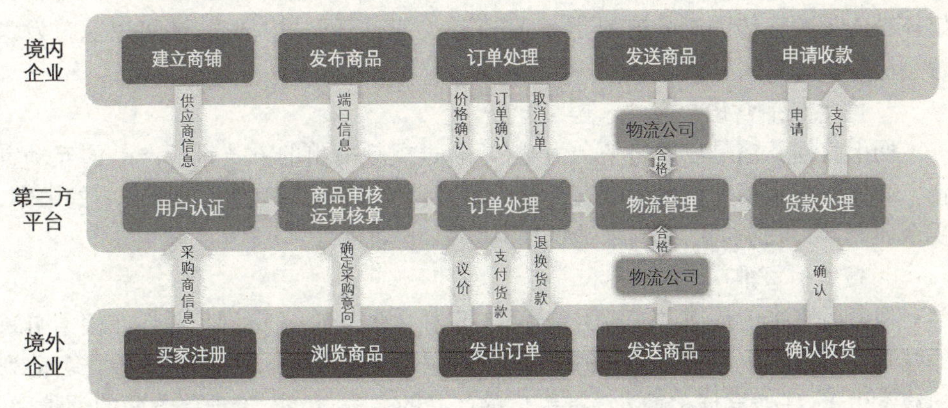

图2-4-1 第三方跨境电商平台工作流程

(一) 发布交易信息

在企业商铺内介绍公司信息，发布销售商品类别、商品款式规格、商品价格数量、货款支付方式、交货方式等信息，并通过各种营销手段，吸引境外买家，促成交易。店铺营销方法主要有以下六类：

1. 网络品牌营销

网络品牌营销就是将品牌要素通过各类在线渠道传达给用户，内化到用户的心智中。一个品牌是由三大要素构成的：一是视觉形象，包括LOGO、产品图片、广告等素材；二是品牌故事，主要包括产品、创始人、公司、典型用户等故事；三是专属元素，即品牌的象征，看到它就想起这个品牌，如特殊包装、差异化产品、特有词汇等。

2. 软文推广

软文就是“文字广告”，通过标题、情景描述、博文、精华帖、网络新闻发布会吸引客户，让多家媒体进行投放，使外贸企业的资讯迅速覆盖到整个网络，提高企业品牌形象。

3. 链接推广

链接推广是指将自己的链接发到google、百度等网站上来进行推广，该网站上会出现"推广链接"字样。链接推广不仅能给网站带来访问量,而且能提升在搜索引擎中的排名,吸引更多的访问者。

4. 网上视频营销

视频营销分为有声视频和无声视频两种营销方式,其中有声视频营销是通过语言、音乐、图像和情景打动用户,而无声视频营销只有图像和情景,在广告上加字幕让用户在无声的情况下明白广告的含义。视频营销可以通过 YouTube 等社交媒体植入想要宣传的产品视频,不仅能在社交媒体、网站中播发,还可以通过发送视频链接扩大传播。

5. 网上直播营销

网上直播营销是以网络平台为载体,通过视频播出的方式进行产品的互动宣传。其不仅能让买家以最快最直接地方式了解产品和服务,而且不受时空的限制,受众面非常广,成本低,能精准锁定目标客户,收效显著。

6. 搜索引擎推广

搜索引擎推广是通过搜索引擎优化、搜索引擎排名、关键词相关性在搜索引擎的结果页面取得较高排名的营销手段。选择 Google、YouTube 等在世界排名前列的搜索引擎,在搜索框中输入想要推广的产品的名称、功能、产地等方面的关键词,确保排名靠前,让买家快捷找到营销产品。

(二) 磋商后订单处理

当境外买家浏览企业商铺页面后进行询盘,经过议价后下订单,境内外贸电子商务企业对该订单进行处理,落实成交商品。

(三) 货物托运通关

境内外贸电子商务企业在境外买家支付货款后予以确认,确认无误后在线办理出口货物的托运和报检报关手续,通关后在线下由跨境物流企业装运发货。

1. 跨境物流企业

跨境物流企业是指从事国际物流公司、货运代理公司、快递公司等企业,根据货主的要求选择合适的运输方式,把委托承运的货物从一国家或地区运送到另一国家或地区的独立法人。例如:国际运输服务公司、跨境物流公司、国际货运代理公司、国际快递服务公司、中国邮政速递物流公司。

2. 海外仓储

海外仓储简称为海外仓,是指针对中国电子商务企业的需求,在海外建立仓库为企业提供仓储、分拣、包装、派送、售后等项目服务的跨国物流形式。

(四) 到货确认后转账付款

境内外贸电子商务企业在境外买家确认货物收讫后,向支付企业申请收款。

支付企业在收到境外买家“付款通知”后，向卖价发出“转账通知”，并完成转账。跨境支付是指两个国家或地区之间因货物贸易或服务贸易等方面所发生的债权债务，借助一定的结算工具和支付系统实现的资金跨国和跨地区转移的行为。跨境支付企业涉及商业银行、第三方支付平台企业。

1. 商业银行

商业银行是一个以营利为目的，以多种金融负债筹集资金，多种金融资产为经营对象，具有信用创造功能的金融机构，如中国银行、建设银行、工商银行、农业银行等。商业银行业务主要包括国际结算、外汇交易、进出口融资、国际信贷等业务。

2. 第三方支付平台企业

第三方支付平台企业是指具有一定信誉和实力，且独立于商户和银行为境内外的消费者提供有限服务的支付机构。国家外汇管理局已向汇付天下、银联电子支付、东方电子支付、支付宝等企业授予跨境支付业务牌照。

实训操作

使用触屏笔(见图 2-4-2)，双击桌面中的“跨境电商”快捷方式，打开跨境电子商务电子沙盘软件，在沙盘界面的“登录”框内，输入用户名和密码进入软件界面。确认相关信息：出口商品名称为潮流牛仔裤；商品数量为 5 000 条；包装方式为 50 条装一箱；指定仓库为敦煌网上海仓库；物流成本主要为租用一间仓库(面积为 150 平方米，堆放 100 箱)；初始资金 100 万元；每周运营成本 19 800 元；客服人员 3 人。

图 2-4-2　触屏笔

一、第一周沙盘操作

(一) 销售产品上架

运营部专员点击“平台商铺”按钮(见图 2-4-3)，选择敦煌网电商平台商铺，点击“上架商品”按钮(见图 2-4-4)，弹出“待上架商品列表”对话框，显示“品名”和“进货价”信息，然后点击“上架”按钮(见图 2-4-5)，弹出“上架商品”对话框，输入上架商品 100 箱潮流牛仔裤(每箱 50 条)，输入商品销售价格 500 元(见图 2-4-6)，点击“上架”按钮(见图 2-4-7)，该商铺界面会显示出相关品名、售价、进价、数量等信息(见图 2-4-8)。

图 2-4-3　平台商铺界面

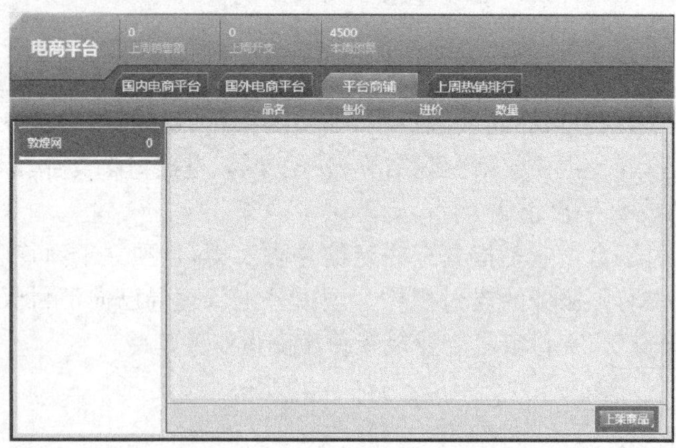

图 2-4-4　上架商品界面

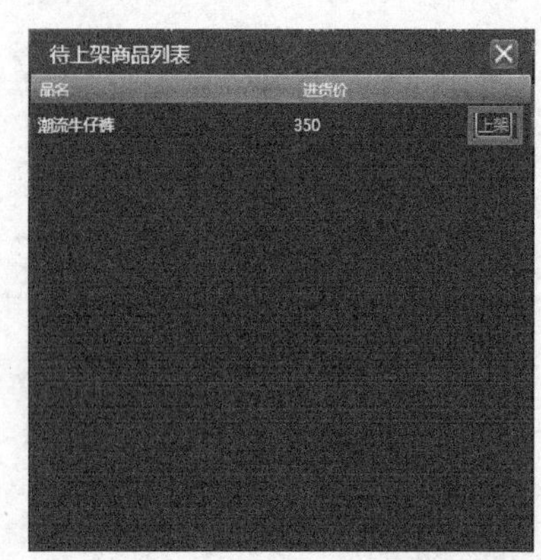

图 2-4-5　待上架界面

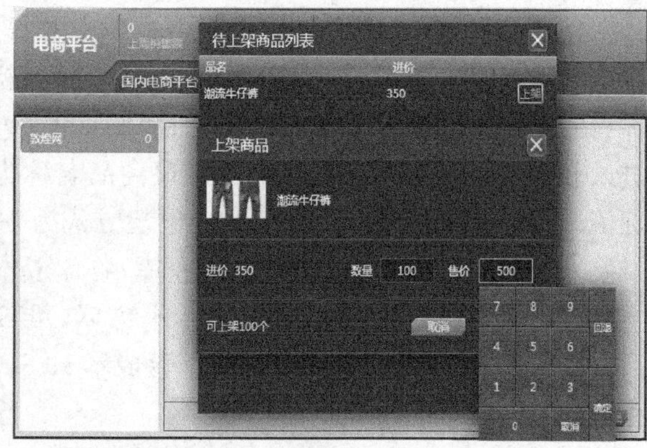

图 2-4-6　商品数量及价格输入界面

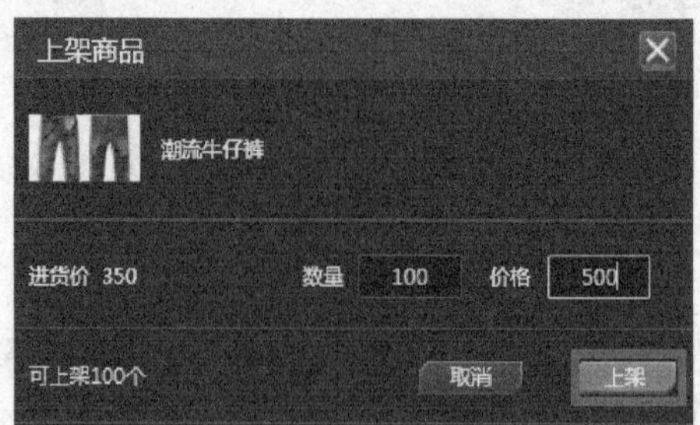

图 2-4-7　上架界面

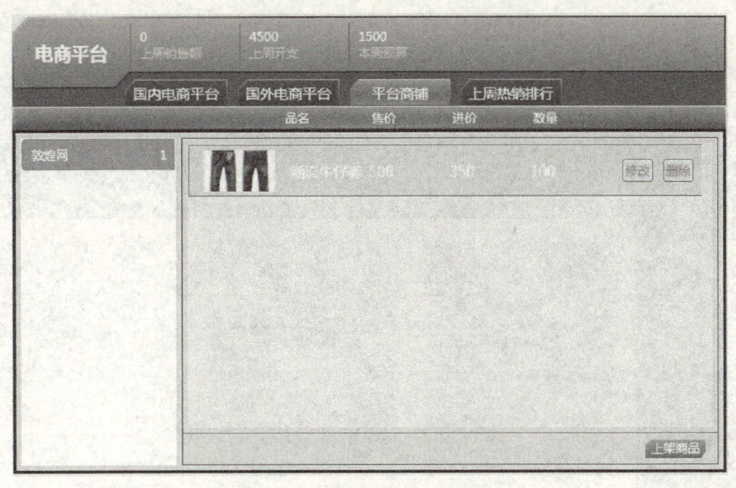

图 2-4-8　牛仔裤上架信息界面

(二) 线上营销

运营部专员根据店铺的经营目标开展线上营销,购买第三方跨境电子商务平台的线上营销工具。点击“线上营销”按钮(见图 2-4-9),显示“电视直播”“电视广告”和“网络广告”相关信息。选择“网络广告”,点击“购买”按钮(见图 2-4-10),弹出“网络直播”对话框(见图 2-4-11),在对话框中显示广告的不同强度,一级强度为 7 000 元、二级强度为 9 000 元、三级强度为 11 000 元,选择并点击“1 级强度”按钮(见图 2-4-12),显示“网络广告已购买”字样(见图 2-4-13)。

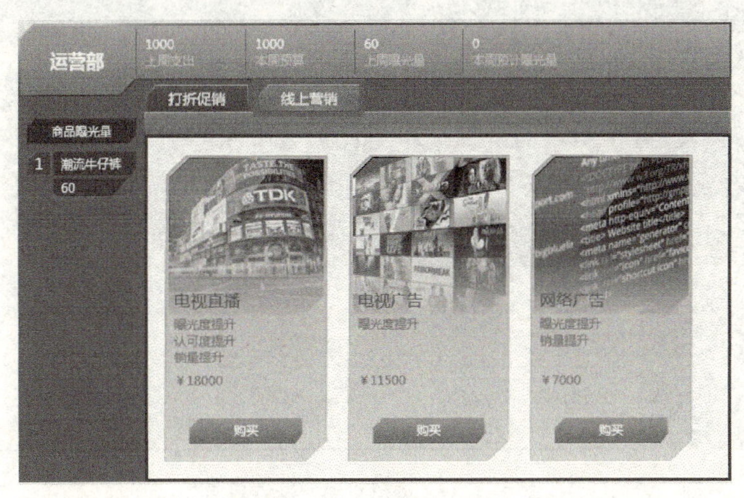

图 2-4-9　线上营销界面

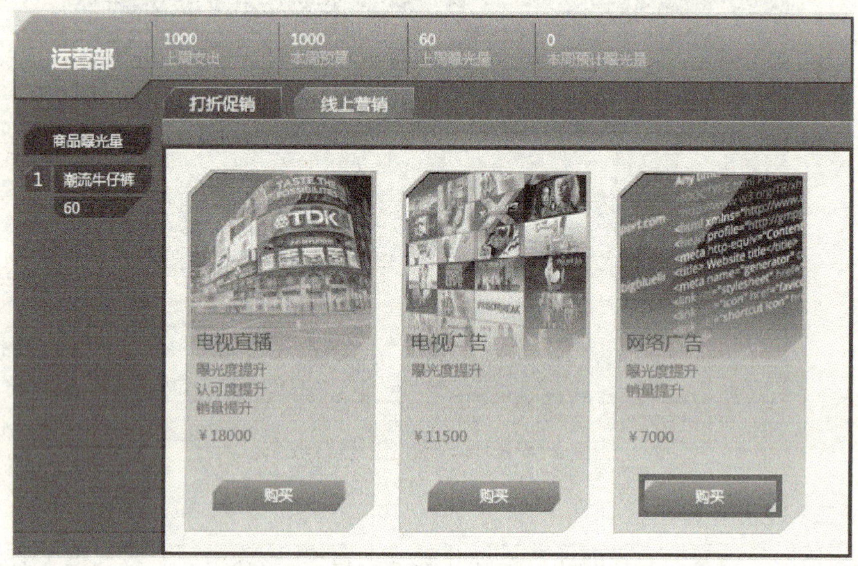

图 2-4-10　网络广告购买界面

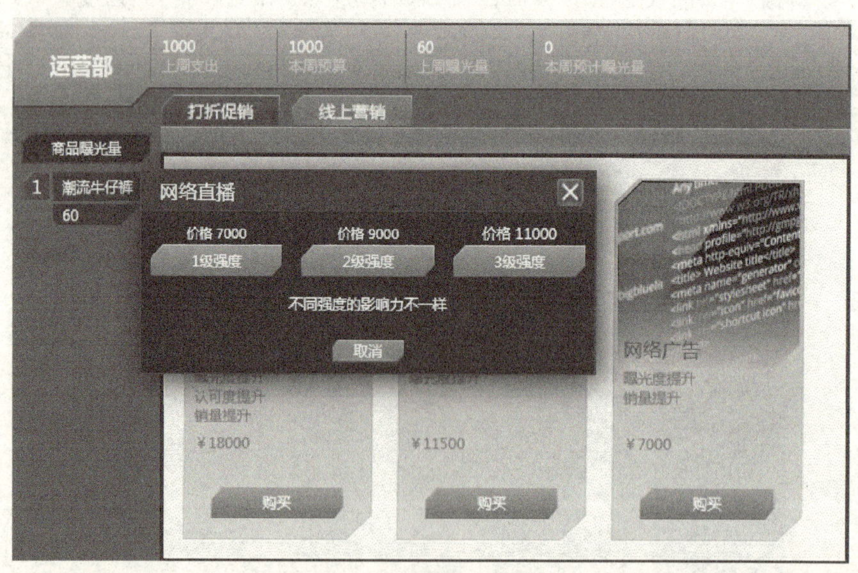

图 2-4-11　网络直播对话框界面

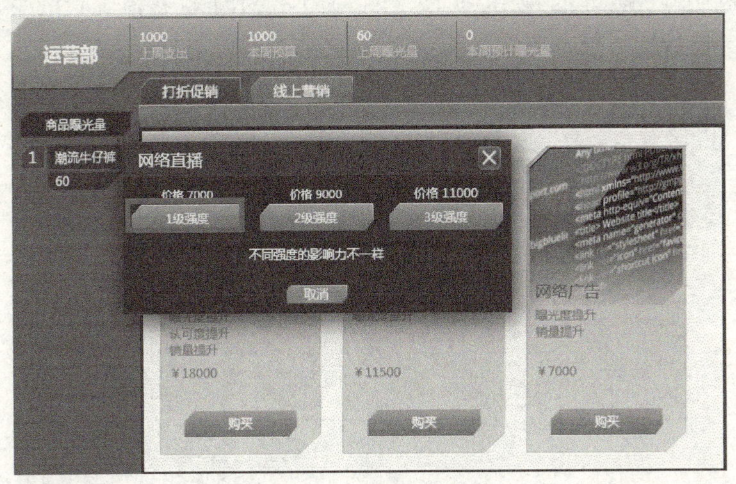

图 2-4-12　强度购买界面

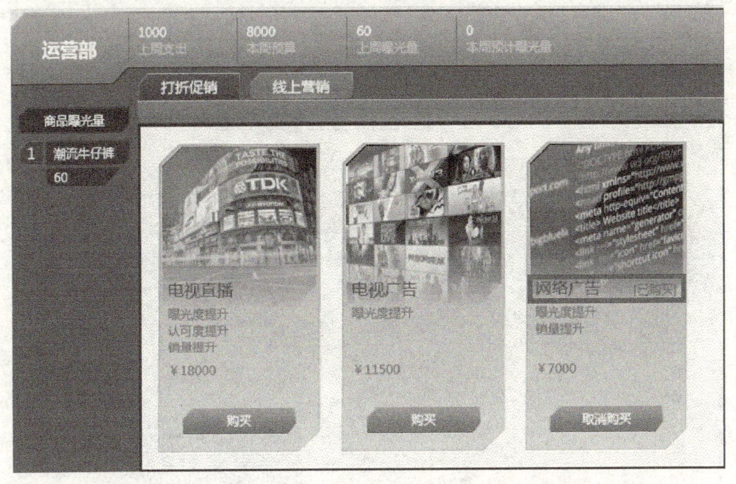

图 2-4-13　网络广告已购买界面

(三) 物流人员配置

物流部专员点击“国内物流”按钮，显示“物流团队”“雇用价格”“数量”和“总价”等信息(见图 2-4-14)。“物流团队”分为优秀、良好、普通三个级别。物流团队外包数量为:“优秀物流团队”每周 100 次、“良好物流团队”每周 80 次、“普通物流团队”每周 50 次。根据潮流牛仔裤每周成交的数量选择“普通物流团队”。根据潮流牛仔裤每周成交的数量需要配置物流团队数量为 1 支，并在“普通物流团队”中输入。完成后,点击“确定”按钮(见图 2-4-15),显示本次物流配置的总价 10 000 元(见图 2-4-16)。

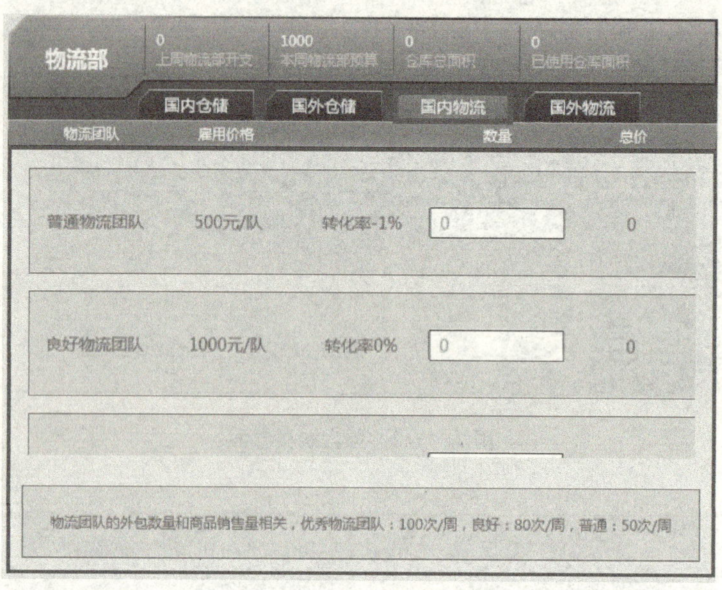

图 2-4-14　国内物流管理界面

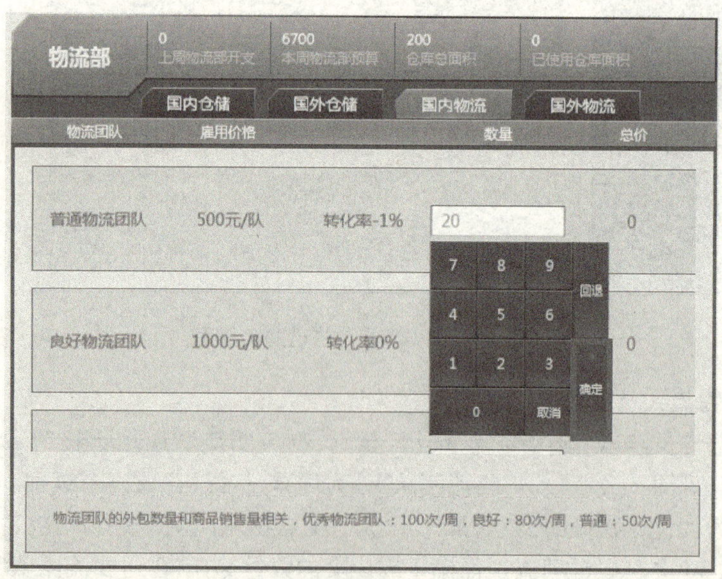

图 2-4-15　配置物流团队数量界面

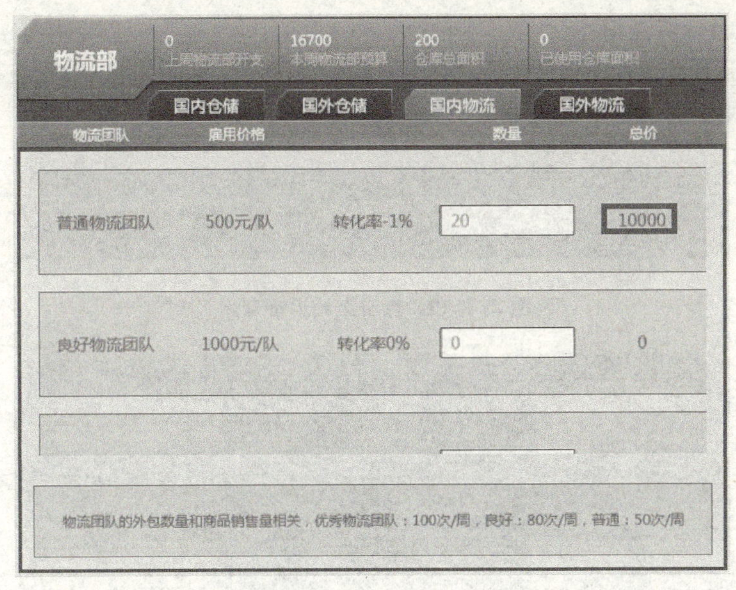

图 2-4-16　物流配置团队总价界面

二、第二周沙盘操作

管理部专员在控制区中点击“进入下一周”按钮(见图 2-4-17)，弹出“确认对话框”，点击“确定”按钮(见图 2-4-18)，然后进入第二周运营。

图 2-4-17　进入下一周界面

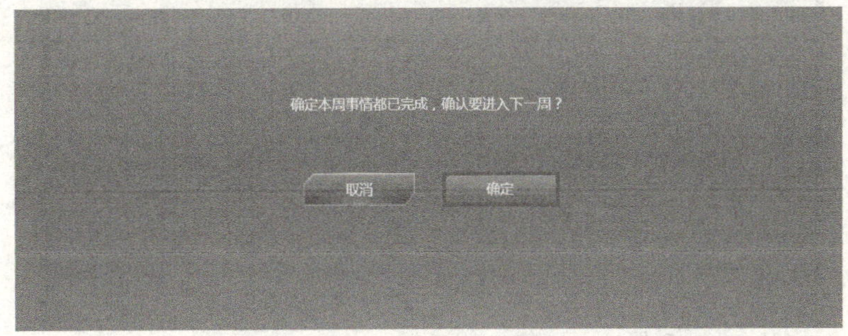

图 2-4-18　确认按钮界面

(一) 上一周查询

管理部专员在控制区中点击“上周运营查询”按钮(见图 2-4-19),在弹出的对话框中查阅上周运营情况及相关数据(见图 2-4-20)。

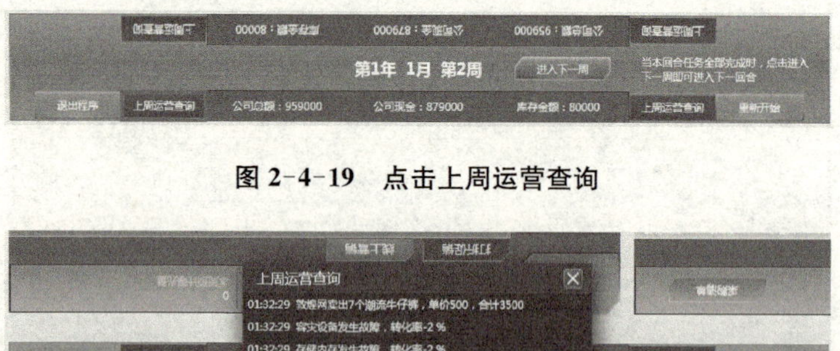

图 2-4-19　点击上周运营查询

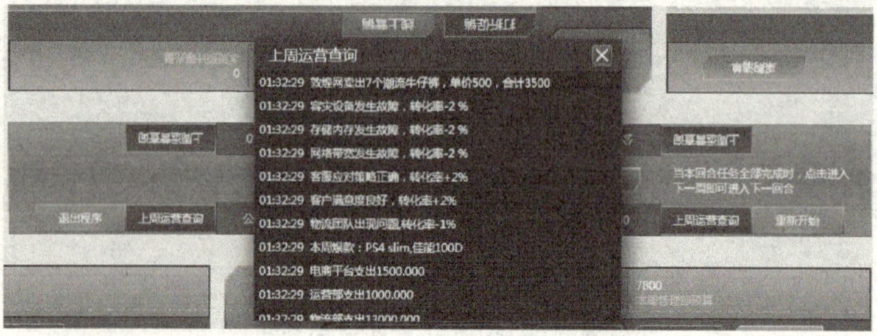

图 2-4-20　上周运营查询对话框

(二) 上周销售情况分析

运营部专员在本部点击“上周销售情况”按钮(见图 2-4-21)后,显示“商品名称”“累计销售/元”“累计销售数量/台”的相关信息,经查阅上周运营情况,销售数量为 7 箱,故上周牛仔裤销售处于滞销状态。

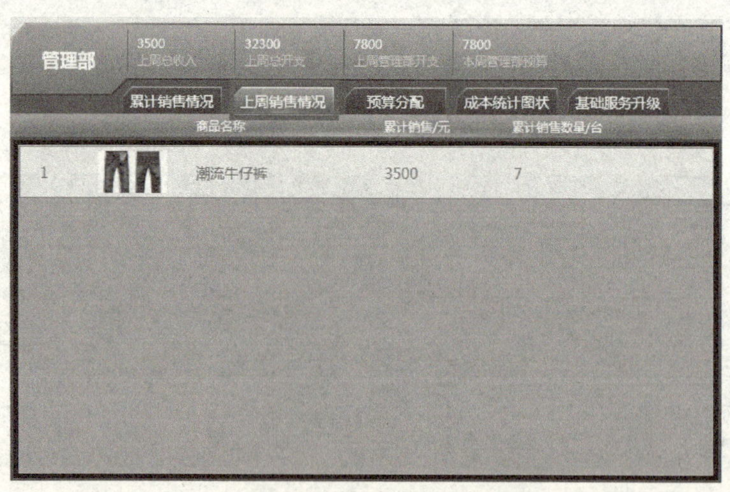

图 2-4-21　上周销售情况界面

(三) 营销策略调整

运营部专员根据上周运营情况，在本周采取针对性的“打折促销”营销策略，点击“打折促销”按钮(见图 2-4-22)，再点击“增加商品”按钮(见图 2-4-23)，弹出“商品列表”对话框，对话框中显示了“品名”“售价”“进价”“平台”信息，还有“添加”功能。在“商品列表”对话框中选择潮流牛仔裤，点击“添加”按钮(见图 2-4-24)，关闭“商品列表”对话框(见图 2-4-25)，显示“品名”“售价”“进价”“平台”“选择折扣力度”相关信息，点击“选择折扣力度”下拉菜单(见图 2-4-26)，选择折扣为“9 折”(见图 2-4-27)。

图 2-4-22　打折促销界面

图 2-4-23　增加商品界面

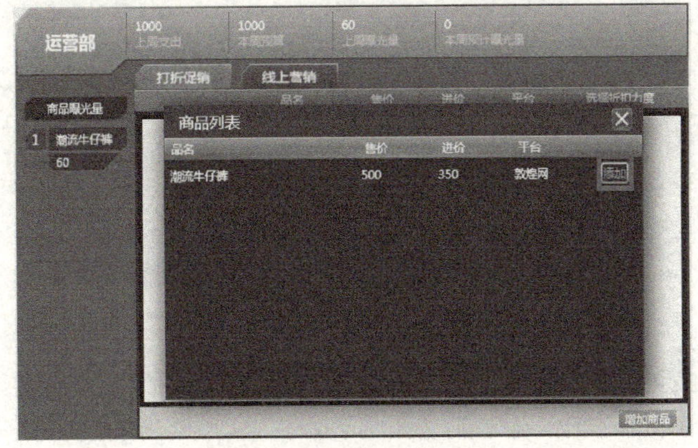

图 2-4-24　添加界面

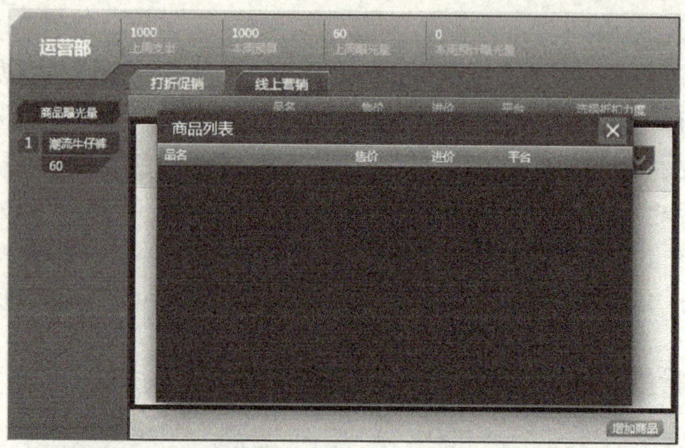

图 2-4-25　关闭界面

图 2-4-26　折扣力度界面

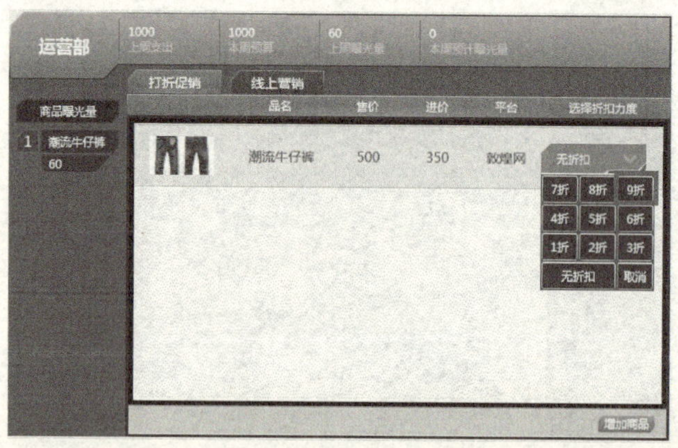

图 2-4-27　选择折扣

三、第三周沙盘操作

运营部专员在控制区中点击“进入下一周”按钮(见图 2-4-28),弹出“确认对话框”,点击“确定”按钮(见图 2-4-29),然后进入第四周操作。

图 2-4-28　进入下一周界面

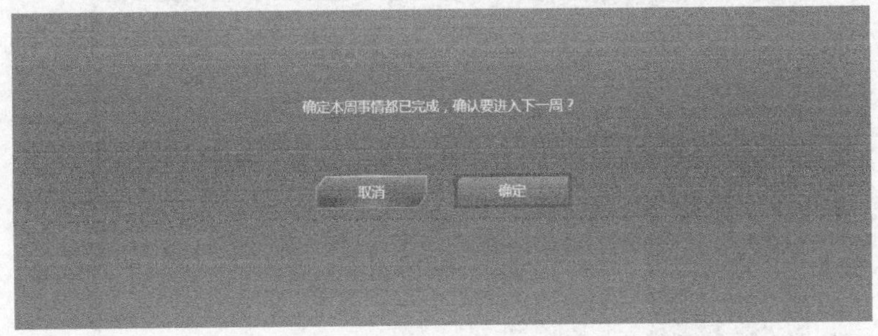

图 2-4-29　确定界面

(一) 上一周查询

运营部专员在控制区中点击“上周运营查询”按钮(见图 2-4-30),弹出上周运营查询的对话框,查阅上周运营情况及相关数据(见图 2-4-31),显示“周牛仔裤销售畅销”“客户满意度低”“网络带宽发生故障”等。

图 2-4-30　上周运营查询界面

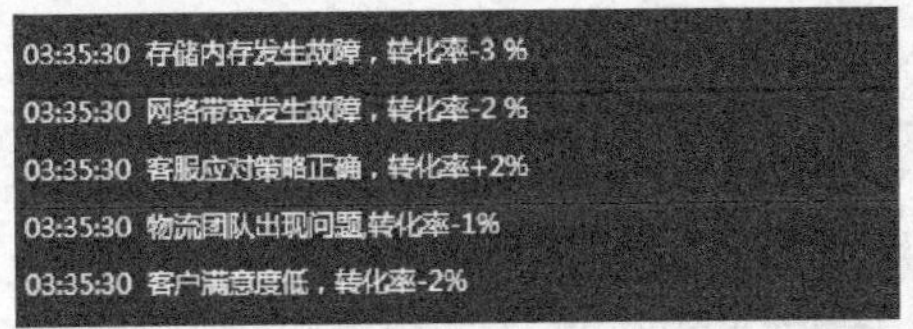

图 2-4-31　查阅上周运营情况及相关数据

（二）对策调整

1.“客户满意度低”的对策

首先，客服部专员需要解聘服务水平最低的员工。点击“客服管理”按钮（见图 2-4-32），显示“客服名称”“服务水平”“工资/周”信息，以及“解聘”“客服招聘”功能按钮。选择服务水平最低（七级）的员工，点击“解聘”按钮（见图 2-4-33），弹出“确认解聘”，再点击“确定”按钮（见图 2-4-34），该员工解聘程序完成。

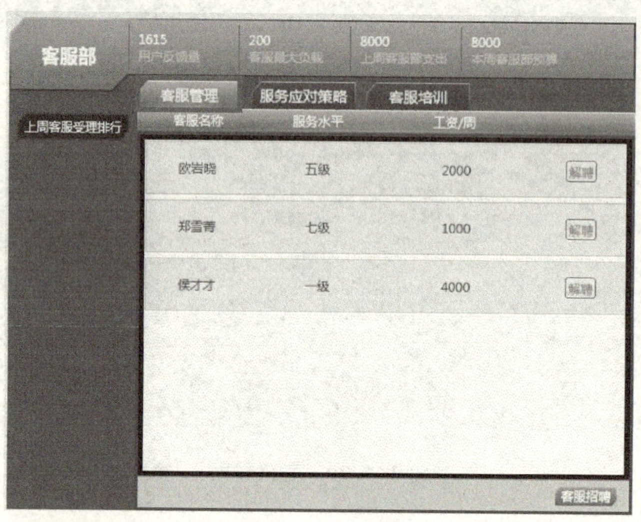

图 2-4-32　客服管理界面

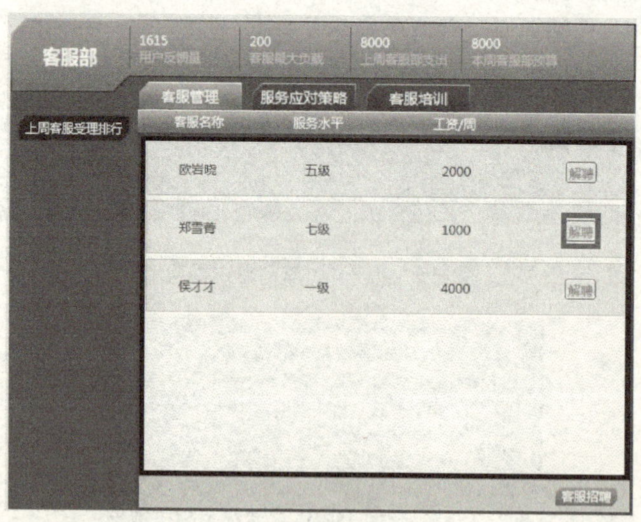

图 2-4-33　解聘界面

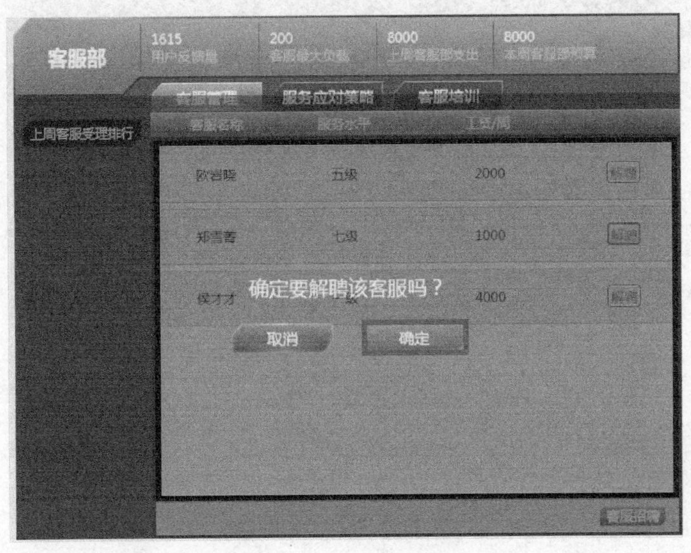

图 2-4-34　解聘确定

其次，客服部专员在解聘员工后需要及时进行招聘。点击“客服招聘”按钮(见图 2-4-35)，弹出“应聘人员”对话框，显示“客服名称”“级别工资”的信息以及“聘用”功能按钮。客服部专员可选择服务水平级别较高的应聘人员，点击“聘用”按钮(见图 2-4-36)。

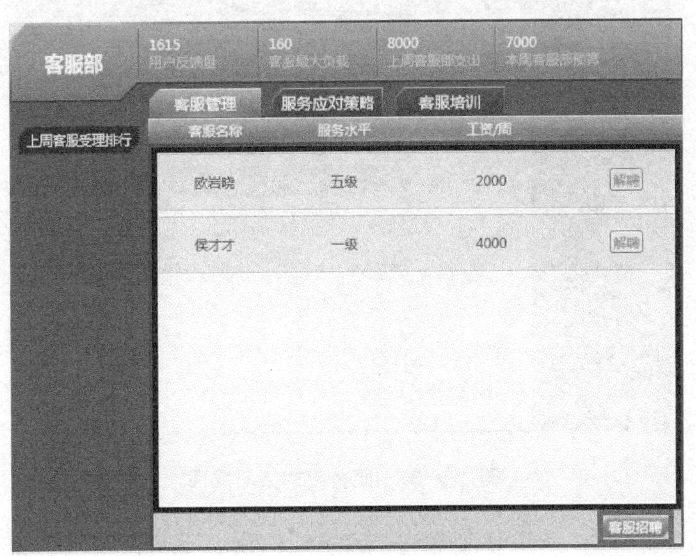

图 2-4-35　客服招聘界面

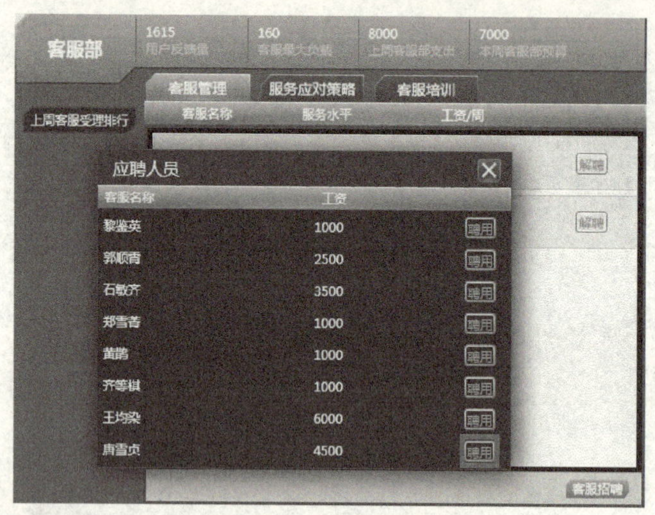

图 2-4-36　应聘人员聘用界面

再次，客服部专员根据售后商品的具体情况，选择“服务应对策略”。点击“服务应对策略”按钮(见图 2-4-37)，显示“产品咨询类”“产品故障类”“问题投诉类”下拉菜单。

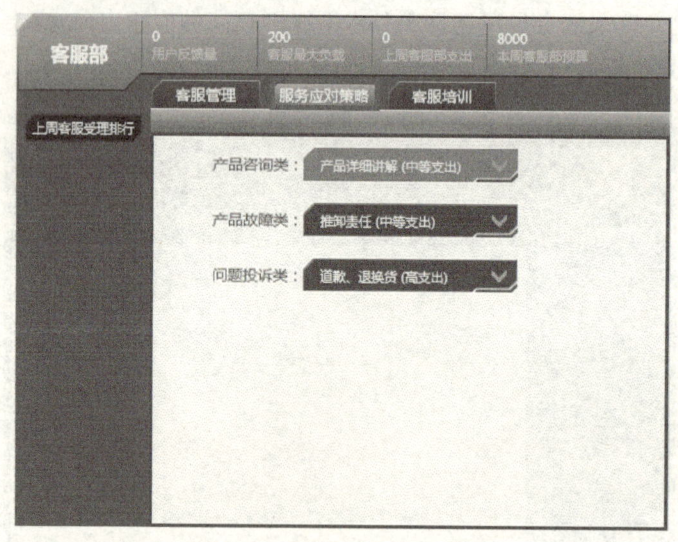

图 2-4-37　服务应对策略界面

客服部专员点击“产品咨询类”下拉菜单，显示“产品详细讲解”“拒不理睬”“自行查询资料”三个选项。因消费者会咨询商品相关信息，所以点击“产品详细讲解”

选项(见图 2-4-38)。如果消费者属于无理取闹,则选择“拒不理睬”选项;如果消费者咨询的问题能通过阅读解决,则选择“自行查询资料”选项。

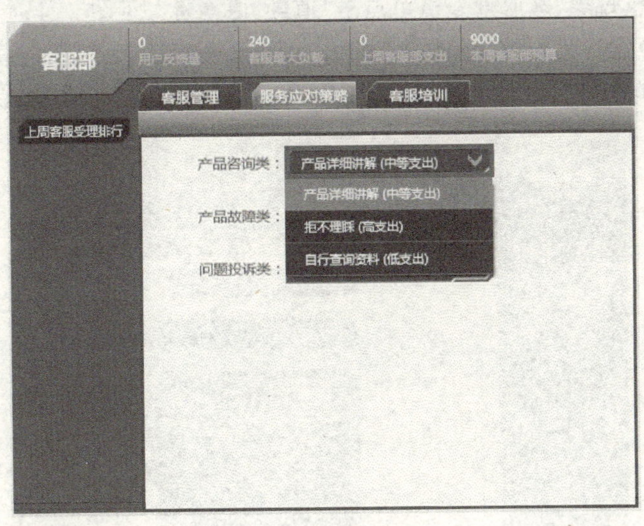

图 2-4-38　产品详细讲解界面

客服部专员点击“产品故障类”下拉菜单,显示“维修维护”“推卸责任”“不予理睬”三个选项。消费者因潮流牛仔裤纽扣脱落进行投诉,所以点击“维修维护”(见图 2-4-39)选项。如果消费者存在故意行为导致商品故障,则可选择“推卸责任”选项;如果消费者无理取闹,则可选择“不予理睬”选项。

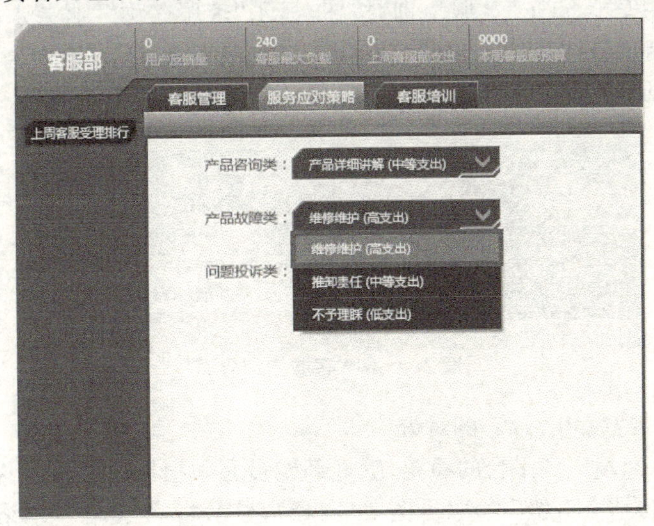

图 2-4-39　维修维护选定界面

客服部专员点击“问题投诉类”下拉菜单，显示“道歉、退换货”“赠送礼品”“上门帮助解决”“邀请参加活动”四个选项。消费者因潮流牛仔裤纽扣脱落进行维修后，仍存在脱落现象，客服部专员可点击“道歉、退换货”（见图 2-4-40）选项。如果消费者存在故意行为导致商品故障，则可选择“赠送礼品”或“邀请参加活动”选项；如果消费者同意上门解决问题，则可选择“上门帮助解决”选项。

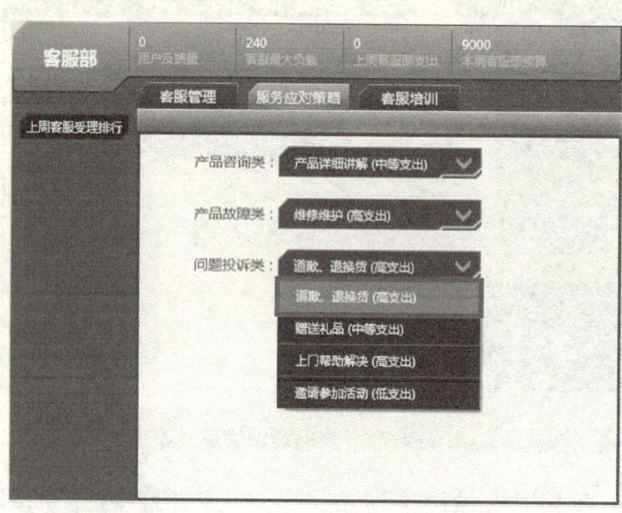

图 2-4-40　道歉、退换货选定界面

最后，为了提高员工的服务水平，需要对其进行各种培训。客服部专员根据公司培训计划的安排，点击“客服培训”按钮，显示“客服名称”“服务水平”信息以及“培训级别/费用”功能按钮（见图 2-4-41），选择需培训人员“欧岩晓”，再点击“培训至四级”按钮（见图 2-4-42）。

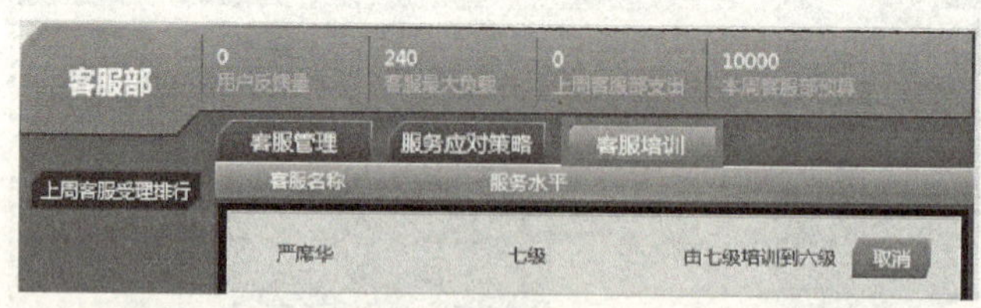

图 2-4-41　客服培训界面

2. “网络带宽发生故障”的对策

为了确保跨境电商平台的稳定，管理部专员必须根据平台的运营状况进行维护。点击“基础服务升级”按钮（见图 2-4-43），显示“安全云盾”“网络带宽”“存储内存”“容灾设备”“线下安防”的等级、升级费等信息。因电商平台网络速度过低，

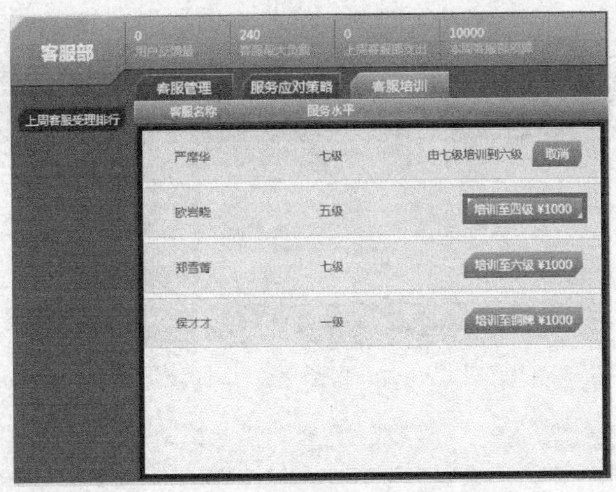

图 2-4-42　培训级别选定界面

所以需要对网络带宽进行升级。选择“网络带宽”，点击“升级”按钮（见图 2-4-44），显示“升级成功及费用”等信息（见图 2-4-45）。如果网站被恶意攻击，则选择升级“安全云盾”；如果数据量过大，则升级“存储内存”；如果电压不稳定，则升级“容灾设备”；如果公司技防设备不够齐全，则升级“线下安防”。

图 2-4-43　基础服务升级界面

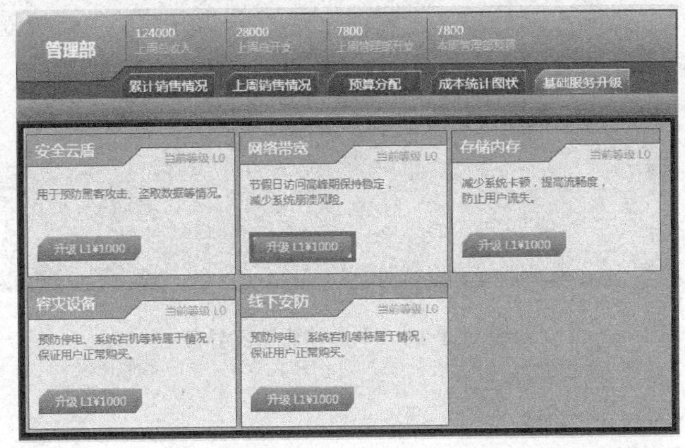

图 2-4-44　网络带宽升级界面

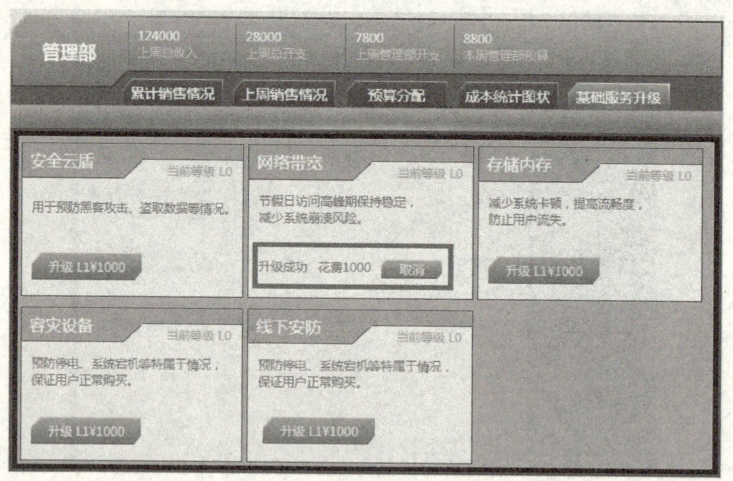

图 2-4-45　网络带宽升级完成信息界面

（三）查询销售情况

管理部专员为了掌握上周及前几周的运营情况，点击“上周销售情况”按钮（见图 2-4-46）和“累计销售情况”按钮（见图 2-4-47），显示“商品名称”“累计销售额”“累计销售数量”，查看“潮流牛仔裤”销售金额与数量。

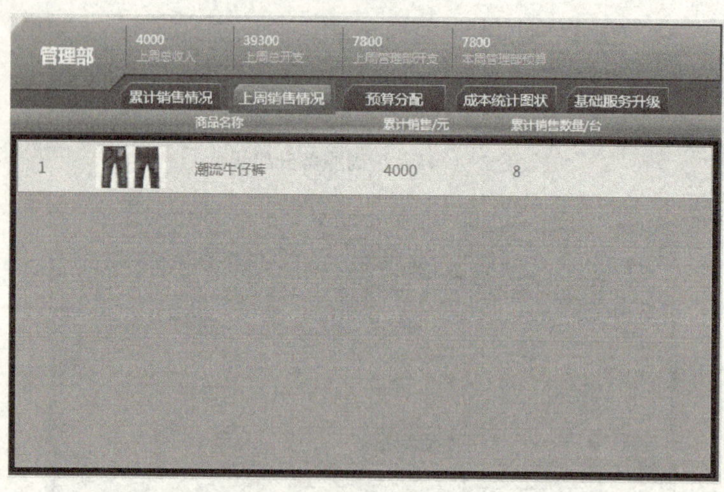

图 2-4-46　上周销售情况界面

四、第四周沙盘操作

运营部专员在控制区中点击“进入下一周”按钮（见图 2-4-48）。

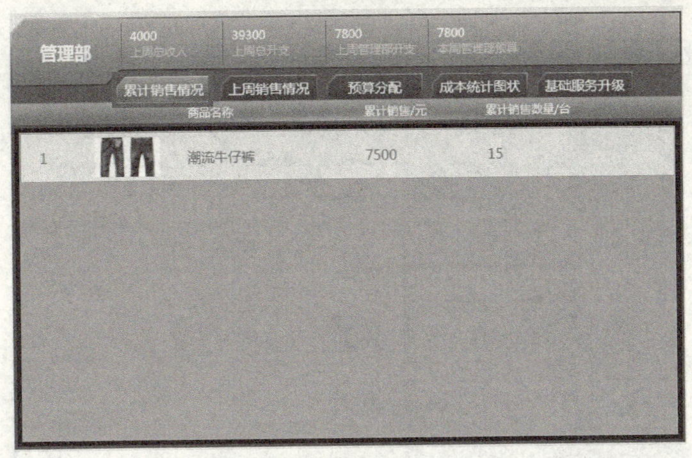

图 2-4-47　累计销售情况界面

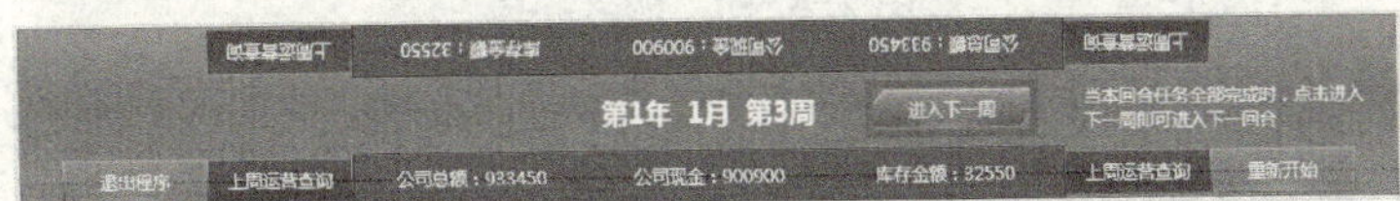

图 2-4-48　进入下一周界面

(一) 店铺补货

管理部专员根据销售情况决定进行补货，并通知采购部专员进行采购。采购部专员点击“进货补货”按钮，选择“服饰鞋帽”(见图 2-4-49)。从“服饰鞋帽”中选择“潮流牛仔裤”，再点击“购入”按钮(见图 2-4-50)，弹出“购入”对话框，在采购价一栏中输入 350 元，在采购数量一栏中输入 100 箱(见图 2-4-51)。

图 2-4-49　服饰鞋帽类别界面

图 2-4-50　购入界面

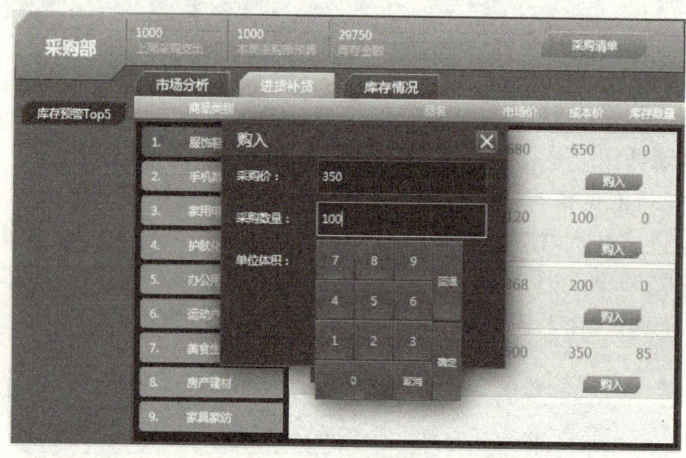

图 2-4-51　采购信息界面

（二）查看预算情况

管理部专员点击“预算分配”按钮（见图 2-4-52），显示“上周实际开支”“本周总预算”及各部门的上周开支和本周预算。

管理部专员点击“成本统计图状”按钮（见图 2-4-53），界面会以图状的形式显示每周“总成本统计”“毛利润统计”“净利润统计”“净利率统计”“运营部成本统计”“客服部成本统计”“物流部成本统计”“电商平台成本统计”“采购部成本统计”和“管理部成本统计”等信息。

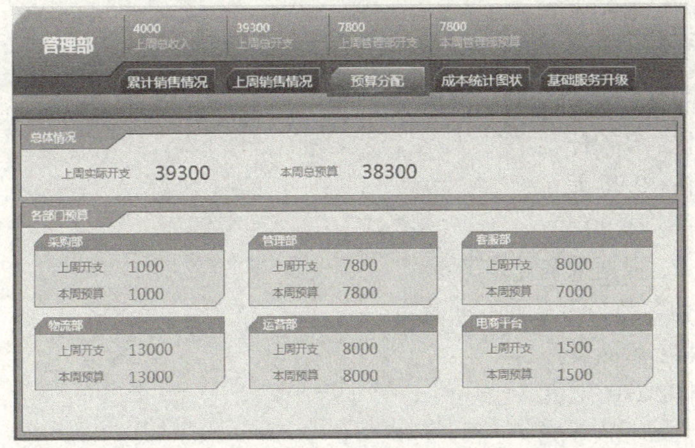

图 2-4-52　预算分配界面

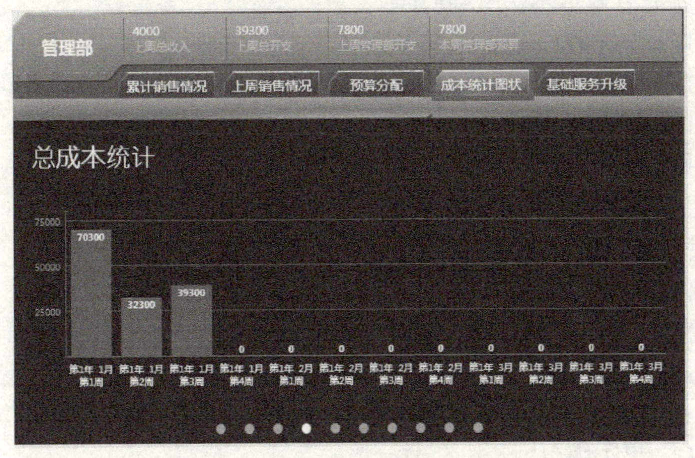

图 2-4-53　成本统计图状信息界面

实训活动

一、活动背景

整个班级分成 8 个模拟公司(小组),每个公司由 6 人组成,分别担任公司的运营部、采购部、市场部、物流部、客服部、财务部专员。公司所有专员一起根据本公司的市场定位、经营目标制定市场调研方案,依据市场调研的结果分别采购各种需求商品。

二、实训资料

1. 按自有工厂渠道采购下列商品

商品名称：自拍杆

供货价格：9.95 元

市场价格：19.90 元

采购数量：根据采购计划确定

2. 按国内名牌渠道采购下列商品

商品名称：床品套件

供货价格：279.30 元

市场价格：399.00 元

采购数量：根据采购计划确定

3. 按国外名牌渠道采购下列商品

商品名称：牛仔裤

供货价格：244.30 元

市场价格：349.00 元

采购数量：根据采购计划确定

4. 按地区名牌渠道采购下列商品

商品名称：电脑

供货价格：3 000.00 元

市场价格：4 000.00 元

采购数量：根据采购计划确定

5. 按普通品牌渠道采购下列商品

商品名称：男士围巾

供货价格：76.30 元

市场价格：109.00 元

采购数量：根据采购计划确定

6. 按低价商品渠道采购下列商品

商品名称：羽绒服

供货价格：39.20 元

市场价格：56.00 元

采购数量：根据采购计划确定

7. 按低价商品渠道采购下列商品

商品名称：太阳镜

供货价格：6.72 元

市场价格：9.60 元

采购数量：根据采购计划确定

三、实训要求

各模拟公司根据上述实训资料编写市场调研报告，制订采购计划，并在跨境电子商务电子沙盘系统上进行正确操作，并用 PPT 进行汇报，包括市场调研报告、采购计划和采购实训操作等内容。

活动评价

请每一家模拟公司全体专员根据本次课程实训活动情况进行测评，填写下列团队活动测评表。

团队活动测评表

测评内容	评判标准/分值	总　分	自评分
实训操作情况	调研报告/ 正确/ 20 分	20	
	调研报告/ 有错/ 10 分		
	调研报告/ 全错/ 0 分		
	采购计划/ 正确/ 20 分	20	
	采购计划/ 有错/ 10 分		
	采购计划/ 全错/ 0 分		
	实训操作/ 正确/ 20 分	20	
	实训操作/ 有错/ 10 分		
	实训操作/ 全错/ 0 分		
PPT 专题汇报	PPT 设计制作/ 好/ 10 分	10	
	PPT 设计制作/ 一般/ 6 分		
	PPT 设计制作/ 较差/ 3 分		
	语言表达/ 好/ 10 分	10	
	语言表达/ 一般/ 6 分		
	语言表达/ 较差/ 3 分		

续表

测评内容	评判标准/分值	总　分	自评分
合作完成质量	达到目标/ 好/ 10 分	10	
	达到目标/ 一般/ 6 分		
	达到目标/ 较差/ 3 分		
团队协作精神	协作精神/ 好/ 10 分	10	
	协作精神/ 一般/ 6 分		
	协作精神/ 较差/ 3 分		
计　分			

指导教师评价表

评价项目	评价内容	评价意见
市场调研报告	1. 格式是否正确 2. 数据是否准确 3. 逻辑是否合理 4. 表达是否通畅	
商品采购计划	1. 格式是否正确 2. 数据是否准确 3. 逻辑是否合理 4. 表达是否通畅	
实训操作表现	1. 操作步骤是否正确 2. 输入数据信息是否准确 3. 是否具有协助精神 4. 是否掌握相关知识技能	
PPT 汇报效果	1. PPT 设计制作是否精良 2. 文字描述是否精练 3. 语言表达是否通畅 4. 汇报效果是否有效	